세상 모든
법률가의
법 이야기

마음이 쑥쑥 자라는 세상 모든 시리즈

세상 모든
법률가의
법 이야기

2008년 6월 10일 초판 1쇄 펴냄 · 2016년 5월 31일 초판 5쇄 펴냄

펴낸곳 | ㈜꿈소담이
펴낸이 | 김숙희
글 | 황근기
그림 | 이철민
총진행 | 이창수

주소 | (우)02834 서울특별시 성북구 성북로8길 29
전화 | 747-8970 / 742-8902(편집) / 741-8971(영업)
팩스 | 762-8567
등록번호 | 제307-2002-53호(2002. 9. 3)

홈페이지 | www.dreamsodam.co.kr
전자우편 | isodam@dreamsodam.co.kr

ⓒ 꿈소담이, 2008
ISBN 978-89-5689-427-0 73300

● 책 가격은 뒤표지에 있습니다.
● 꿈소담이의 좋은 책들은 어린이와 세상을 잇는 든든한 다리입니다.

마음이 쑥쑥 자라는 세상 모든 시리즈 14

세상 모든 법률가의 법 이야기

황근기 글 | 이철민 그림

머리말

알면 알수록 재미있는 법 이야기

"법은 법률가들에게만 필요한 거 아닌가요?"
"법은 재미가 없잖아요?"
혹시 법에 대해 이런 생각을 가지고 있진 않나요?
그렇다면 그건 아주 잘못된 생각이에요.
왜냐하면 우리의 거의 모든 생활이 법과 관련이 있기 때문이지요.
건널목을 무단횡단 하는 것이 어떤 법을 어기는 건지 알고 있나요?
인라인을 탈 때 보호모를 착용하지 않으면 왜 안 되는지 아세요?
아마 모르고 있을 거예요.
이 책을 읽으면 법과 관련된 궁금증을 시원하게 풀 수 있어요.
또한 그러한 법을 만든 사람들의 이야기도 읽을 수 있지요.
세계 최초의 법전인 함무라비 법전에는 남의 이를 상하게 한 자는 이를 부러뜨리고, 눈을 상하게 한 자는 똑같이 눈을 상하게 한다고 나와 있어요.

정말 무서운 법이지요?

중국의 유명한 판사인 포청천은 아주 엄격해서 황제의 친척이라 해도 잘못을 저지르면 감옥에 가두었어요.

≪세상 모든 법률가의 법 이야기≫는 이런 위대한 법률가들의 이야기를 다루고 있는 책이에요. 그리고 여러분이 꼭 알아야 할 법 상식도 다루고 있지요.

우리나라 최초의 법전이 뭔지 아세요?

판결이 잘못되면 어떻게 해야 하는지 아세요?

잘 모르겠지요?

그럼 얼른 책장을 넘겨 보세요.

이 세상 모든 법률가들의 흥미로운 이야기와 재미있는 법 이야기가 여러분을 기다리고 있답니다.

황근기

차례

- 14 　눈에는 눈, 이에는 이 **함무라비**
- 24 　역사상 가장 위대한 재판 **솔로몬**
- 34 　법을 지배한 심판자 **포청천**
- 44 　법은 한 사람을 위해 있는 것이 아니다 **토머스 모어**
- 54 　우리나라 최초의 여성 변호사 **이태영**
- 64 　미국 헌법의 기초를 세우다 **토머스 제퍼슨**
- 74 　나는 죽을 각오가 되어 있습니다 **넬슨 만델라**
- 84 　내일 죽더라도 올바른 법을 세우겠다 **김병로**
- 94 　차티스트 교장 선생님 **오브라이언**

104	죄 없이 감옥에 갇힌 사람들을 위하여	피터 베넨슨
114	우리나라 법조계의 영원한 기둥	이인
124	소비자들의 대통령	랠프 네이더
134	국민의, 국민에 의한, 국민을 위한 정부	링컨
144	사형 제도를 폐지하라	베카리아
154	내가 안중근 의사의 변호를 맡겠소	안병찬
164	대통령을 쫓아낸 검사	아치볼드 콕스
174	인도의 법을 다시 세운 변호사	간디
184	민주주의 발전을 위하여	이병린

金炳魯

우리는 죄를 지으면 그에 합당한 벌을 받아요.
법에 정해진 벌을 받는 거지요.
그리고 그 법은 모든 사람에게 평등해야 해요.
그 법을 지키고 발전시키기 위해 많은 사람들이 노력했어요.

자, 그럼 법 여행을 떠나 볼까요?

눈에는 눈, 이에는 이
함무라비

"아, 어떡하면 나라의 질서를 바로잡을 수 있을까?"

고대 바빌로니아의 왕 함무라비는 주변 여러 나라를 차례로 정복하여 메소포타미아 전 지역을 통일했어요. 함무라비 왕은 강력한 권력으로 나라를 다스렸지요.

그런데 나라가 커지고 여러 민족이 함께 모여 살기 시작하자 크고 작은 문제들이 끊이지 않았어요. 서로 마음이 맞지 않는 사람들끼리 다투는 일도 많아졌고, 남의 것을 훔치는 사람들도 많아졌지요. 이 때문에 함무라비 왕은 깊은 생각에 잠겼어요.

어느 날, 함무라비 왕은 큰 결심을 했어요.

"모두 듣거라! 짐은 곧 바빌로니아 사회의 질서를 유지하기 위해 엄격한 법을 만들 것이다."

함무라비 왕이 살던 시대에는 아직 문서로 기록되어 있는 법이 없었어요. 다만 스스로를 다스리는 도덕과 윤리가 있을 뿐이었지요. 작은 공동체를 이루어 살아가던 때에는 도덕과 윤리만으로도 사회의 질서가 유지되었어요. 하지만 공동체가 커지자 법이 필요하게 된 것이죠. 도덕은 강제성이 없는 규범이에요. 도덕은 지키지 않아도 처벌을 받지 않아요. 하지만 법은 달라요. 법을 지키지 않으면 벌을 받아야 한답니다.

기원전 1750년경, 마침내 함무라비 왕은 엄격한 법을 만들었어요. 함무

라비 왕이 이때 만든 법이 바로 세계 최초의 법전인 함무라비 법전이에요. 함무라비 왕은 이 법전을 약 2.5m 높이의 돌기둥에 새겨 넣도록 했어요.

"백성들이 이 법을 모두 읽어 보게 하라! 이제부터 이 법을 따르지 않는 자는 모두 법에 따라 엄히 처벌할 것이다."

함무라비 법전은 모두 282조로 되어 있어요. 그 안에는 토지 제도를 비롯하여 재산, 결혼, 상속, 범죄 등에 대한 여러 가지 처벌 방식이 담겨 있지요.

얼마 후, 함무라비 법전이 만들어졌다는 소식이 바빌로니아 백성들에게 전해졌어요. 돌기둥에 새겨져 있는 함무라비 법전을 읽어 본 사람들은 얼굴이 새파랗게 질렸어요.

"아니, 죄를 지으면 정말 이렇게 무서운 벌을 받는다고?"

"다시는 죄를 지으면 안 되겠구나."

함무라비 법전을 읽어 본 바빌로니아 백성들은 한결같이 함무라비의 법을 두려워하며 다시는 죄를 짓지 않겠다고 다짐했어요. 하지만 나쁜 짓을 하는 사람들의 습관은 하루아침에 바뀌지 않았어요. 그중에서도 특히 술을 만들어 파는 사람들의 나쁜 습관은 좀처럼 바뀌지 않았답니다.

"술의 양을 속여서 팔면 좀 어때?"

"맞아, 지금까지 그렇게 해 왔지만 아무런 문제도 없었잖아. 앞으로도 괜찮을 거야!"

그러던 어느 날, 술의 양을 속여서 판 상인이 한 관리에게 잡혔어요.

"아이고, 나리. 한 번만 용서해 주십시오."

상인은 손이 발이 되도록 싹싹 빌었어요. 하지만 관리는 상인을 함무라비 왕 앞으로 끌고 갔어요.

"이 자는 무슨 죄를 지었느냐?"

함무라비 왕이 엄하게 물었어요.

"폐하, 이 자는 술의 양을 속여서 판 죄를 지었습니다."

"뭐야? 아직도 이런 자들이 있단 말이냐! 당장 법대로 집행해라."

함무라비 법전에는 술의 양을 속여 팔면 물에 빠트려 죽이는 벌을 내린다고 적혀 있어요. 상인은 함무라비 법전에 따라 죽임을 당했지요.

이러한 사실이 알려지자 바빌로니아 국민들은 법의 무서움을 깨닫게 되었어요. 그전까지는 죄를 지어도 그냥 적당히 넘어갈 수 있었어요. 하지만 함무라비 법전이 만들어진 이후부터는 절대 그냥 넘어가는 법이 없었지요.

함무라비 법전의 특징은 '눈에는 눈, 이에는 이'라는 처벌 방식이에요. 만약 누군가가 다른 사람의 눈을 상하게 하면 그의 눈도 상하게 했어요. 누군가 다른 사람의 뼈를 부러뜨리면 그의 뼈도 부러뜨렸지요. 그러나 신분에 따라 같은 죄를 지어도 처벌이 달랐어요. 예를 들어 귀족이 다른 사람의 눈을 상하게 하면 그 눈을 상하게 하는 대신 돈으로 지불하게 했어요. 이렇게 무시무시한 법이다 보니 죄를 짓는 사람의 수가 눈에 띄게 줄어들었지요. 이처럼 엄격한 법이 적용되자 혼란스럽던 바빌로니아 사회도 점차 질서가 잡혀가기 시작했답니다.

★ 함무라비 법전

함무라비는 고대 메소포타미아 바빌론 제1왕조의 제6대 왕이에요. 주변 여러 나라를 정복해, 메소포타미아 전 지역을 통일해 통치하기 시작한 첫 번째 황제지요.

그가 만든 함무라비 법전은 기원전 1795년경에 만들어진 법으로, 우르 남무 법전이 발견되기 전까지 세계에서 가장 오래된 성문 법전으로 인정받았어요. 성문 법전이란 글자로 기록되어 있는 법전을 말해요.

이토록 오래된 법이 어떻게 지금까지 전해질 수 있었을까요? 그것은 법전의 내용을 돌에 새겨 넣었기 때문이에요. 함무라비 법전은 바빌로니아를 지키는 신 마르둑의 신전에 세워진 섬록암 비석에 새겨져 있어요. 이 비석에는 모두 282개의 법조항이 적혀 있지요. 282개의 법조항에는 경제에 관련한 법, 가족법에 대한 법, 형사법에 대한 법 등 다양한 분야의 조항이 포함되어 있어요.

탈리오 법칙이라는 말을 들어 본 적이 있나요? 탈리오 법칙이란 '눈에는 눈, 이에는 이'라는 처벌 방식이에요. 즉 누군가 상대방의 눈을 다치게 했다면 자기도 그렇게 되는 것이죠. 이것이 바로 함무라비 법전에 적혀 있는 내용 중 하나예요. 그러나 모든 사건이 이런 식으로 처리된 건 아니었

어요. 죄가 무거운 경우에는 수십 배의 벌금을 물리거나 심하면 사형에 처해지기도 했어요. 또한 고대 바빌로니아 사회는 귀족, 평민, 노예 이 세 계층으로 이루어진 신분 사회였어요. 나라에서는 당연히 귀족을 더 우대했지요. 따라서 귀족이 노예의 눈을 상하게 하면 가벼운 경고로 그쳤어요. 하지만 노예가 같은 노예의 눈을 상하게 했을 때는 탈리오 법칙에 의해 처벌이 내려졌지요. 같은 죄를 지어도 신분이 낮으면 더 무거운 벌을 받아야 했던 거예요. 이런 면에서 함무라비 법전은 공정하다고 할 수 없어요.

하지만 함무라비 법전에는 개인적인 복수나 강제적인 결혼 등은 인정하지 않고 있어요. 법으로서의 기본적인 조건은 다 갖추고 있는 법이라고 할 수 있지요. 또한 함무라비 법전은 오래된 성문법으로 당시 사회의 모습을 자세하게 보여 주고 있는 중요한 유물이랍니다.

함무라비 법전이 새겨져 있는 돌기둥은 1901년 프랑스의 드모르간이 이끄는 탐험대가 발견했어요. 약 3,700년이 지난 지금까지도 거의 원형 그대로 보존되고 있는 함무라비 법전은 현재 프랑스 파리의 루브르 박물관에 소장되어 있답니다.

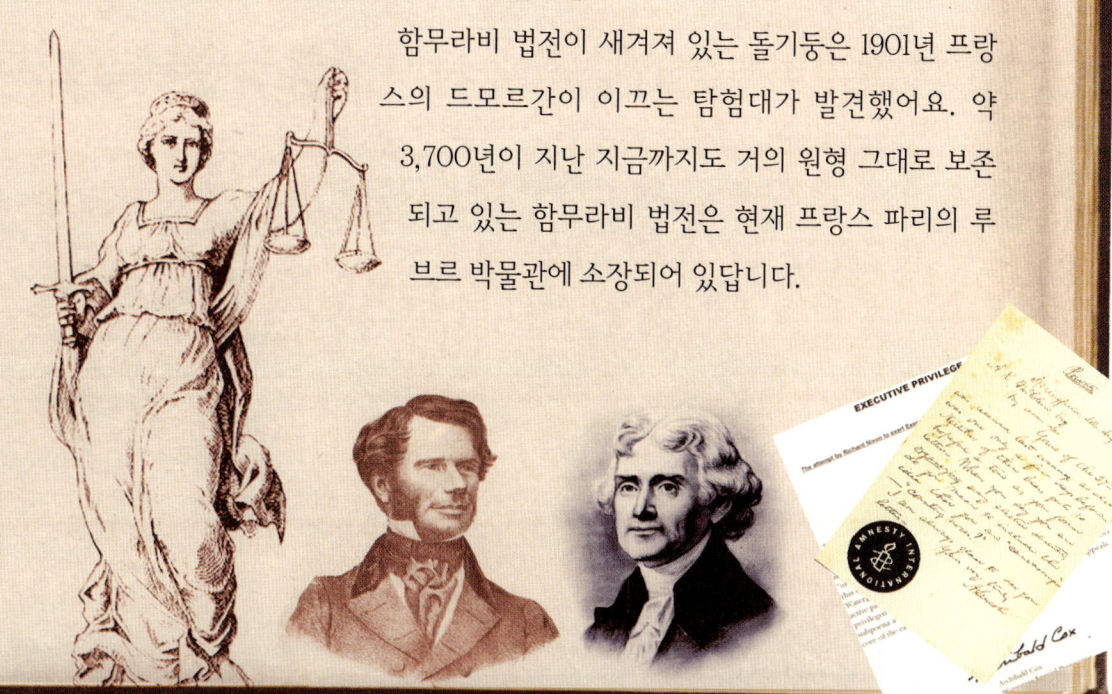

우리나라 최초의 법전은 무엇일까?

우리나라 최초의 법전은 고조선 때 만들어졌어요. 우리나라 최초의 국가인 고조선은 '8조 금법'이란 법을 만들어 나라를 다스렸다고 해요. 하지만 지금은 8개 중 3개만이 중국의 ≪한서지리지 연조≫라는 책에 기록되어 있어요. 그 내용은 다음과 같아요.

첫째, 사람을 죽인 자는 사형에 처한다.
둘째, 남을 때려 다치게 한 자는 곡식으로 이를 보상해야 한다.
셋째, 남의 물건을 훔친 자는 피해를 입은 사람의 노예로 삼는다. 만약 용서를 받고 풀려난다면 나라에 돈을 내놓아야 한다.

비록 세 가지 조항밖에 없지만 이것만으로도 당시 고조선이 어떤 사회였는지 알 수 있어요. 우선 사람을 죽이면 자신의 생명을 내놓아야 한다는 것으로 보아 고조선은 엄격한 법이 서 있던 사회였어요. 또 남을 때린 자는 곡식으로 이를 보상한다는 것으로 보아 고조선은 농경 사회였다는 것을 알 수 있지요. 물건을 훔친 자는 돈을 내놓아야 한다는 것으로 보아 화폐 제도가 정착되어 있었다는 것도 알 수 있고요. 또 노예로 삼는다고 한 것에서 신분 사회였다는 것을 알 수 있답니다.

우리나라에는 이런 법이 있었어요!

고구려, 백제, 신라의 삼국 시대에는 주로 중국의 법률을 참고한 법을 만들었어요. 그러다 고려 시대에는 당나라의 법률을 참고로 한 율법 71조를 만들었지요. 율법 71조는 《고려사》의 〈형법지〉에 기록되어 있는데, 율법 71조에서는 형벌을 도(징역), 유(귀향), 사(사형) 등으로 나누었어요. 그리고 죄의 종류로는 모반죄, 대역죄, 불효죄, 살인죄, 강도죄, 절도죄 등이 있었지요. 이중 모반죄, 대역죄, 불효죄는 중죄로 다스렸다고 해요.

조선 시대에는 우리 고유의 법을 성문화한 경국대전이 있었어요. 조선 시대의 기본 법전을 갖추고자 힘을 쓴 사람은 정도전이에요. 정도전은 이성계를 도와 조선을 세운 인물이에요. 정도전은 고대 중국의 법을 토대로 우리나라에 알맞은 법을 마련하려고 노력했어요. 그의 노력으로 인해 조선 시대에는 새로운 법이 만들어졌어요. 그것이 바로 조선의 기본 법전인 경국대전이지요. 경국대전은 시대의 흐름에 따라 조금씩 바뀌었어요. 하지만 그 기본적인 뼈대는 바뀌지 않고 조선 왕조 500년 동안 기본 법전으로서의 자리를 지켰답니다.

일제 강점기(일제 시대)에는 서양의 근대적인 법률이 들어왔어요. 이 때문에 우리의 고유한 법 제도는 이어지지 않았지요. 8·15 광복 후부터는 서양의 법 제도를 우리나라 상황에 알맞게 고쳐 쓰고 있답니다.

역사상 가장 위대한 재판

솔로몬

솔로몬은 통일 왕국 이스라엘의 세 번째 왕으로 다윗의 아들이에요. 다윗은 전쟁을 많이 한 왕이에요. 전쟁을 치르면서 여러 가지 힘든 일도 많았지요. 다윗은 자신의 아들인 솔로몬 대에는 나라가 평안하기를 바랐어요. 그래서 그의 이름을 '평화롭다'라는 뜻의 솔로몬이라고 지었지요.

솔로몬은 스물한 살에 이스라엘 제3대 왕으로 올랐어요. 어린 나이에 왕이 된 솔로몬은 하나님께 제사를 드리다가 그만 제단에 엎드려 깜박 잠이 들었어요. 그런데 갑자기 꿈속에서 하나님의 말씀이 들려왔어요.

"내가 너에게 무엇을 주면 좋겠느냐?"

"전 아직 경험이 부족하고 어립니다. 많은 백성들을 바르게 다스릴 수 있는 지혜를 주십시오."

솔로몬이 재물이나 명예를 달라고 하지 않고 지혜를 달라고 하자 하나님은 매우 기뻐하셨어요. 그래서 하나님은 솔로몬에게 지혜뿐만 아니라 많은 재물도 함께 주시겠다고 약속하셨지요.

하나님이 정말 그의 소원을 들어주셨던 걸까요? 솔로몬은 세월이 흐를수록 점점 더 지혜로워졌어요. 특히 솔로몬은 지혜롭고 현명한 판결을 내려 많은 백성들의 억울함을 풀어 주었지요.

"솔로몬 왕에게 가면 아무리 어려운 사건도 모두 해결해 준대!"

"솔로몬 왕은 역시 하나님이 내려주신 명재판관이야!"

솔로몬이 왕으로 있던 시기는 대략 기원전 970~931년경이에요. 이때에는 아직 전문적으로 사건을 처리하는 법원이 없었어요. 지금처럼 판사, 변호사, 검사와 같은 직업을 가진 사람들도 없었지요. 그럼 이때에는 누가 재판을 맡아 봤을까요? 주로 나라를 다스리는 왕이나 관리들이 재판을 맡았답니다.

솔로몬 왕에 대한 소문은 이스라엘은 물론이고 이웃 나라에도 전해졌어요. 가끔 이웃에 사는 아라비아의 왕이 솔로몬을 직접 찾아오기도 했어요. 아라비아의 왕은 여러 가지 사건을 솔로몬과

의논했어요. 아라비아 왕의 이야기를 다 들은 솔로몬은 사건을 어떻게 해결해야 할지 알려 주곤 했지요.

그러던 어느 날, 젊은 여자 두 명이 갓난아기를 서로 차지하겠다고 다투면서 솔로몬 왕을 찾아 왔어요.

"그래, 너희들은 어쩐 일로 나를 찾아왔는고?"

솔로몬 왕이 물었어요.

"네. 저희는 한 집에 살고 있는데 둘 다 얼마 전에 아기를 낳았습니다. 그런데 저 여자가 잠을 자다가 그만 자기 아기를 깔아뭉개 죽이고 말았지요. 그러자 죽은 아기를 제 아기와 몰래 바꾸어 갔습니다."

그러자 그 옆에 있던 다른 여자가 고래고래 소리를 질렀어요.

"아닙니다. 이 아기는 제 아기가 맞습니다. 죽은 아기가 저 여자의 아기입니다."

이 말을 들은 사람들은 누가 진짜 아기의 엄마인지 가려낼 수가 없었어요. 생각에 잠긴 솔로몬은 잠시 후, 솔로몬은 명령을 내렸어요.

"저 아기를 반으로 나누어서 저 여자들에게 똑같이 나누어 주어라."

"네?"

그 자리에 있던 사람들은 너무 놀라 입이 쩍 벌어졌어요.

"무얼 하느냐! 저 아기를 반으로 나누어 여자들에게 주라 하지 않느냐!"

곧 시퍼런 칼을 든 사람이 나타났어요. 아기도 놀라 마구 울어댔어요. 두 여자의 얼굴도 파랗게 질렸지요. 칼을 든 사람이 아기의 앞에 다다르자 한 여자가 울면서 소리쳤어요.

"그건 안 됩니다. 이 아기를 죽이지 마세요. 차라리 아기를 저 여자에게 주십시오."

이 이야기를 들은 다른 여자는 얼른 아기를 달라며 손을 내밀었어요.

솔로몬 왕은 그제야 빙그레 웃음을 지으며 이렇게 말했어요.

"아기를 죽이지 말라고 말하는 저 여자가 진짜 엄마다! 저 여자에게 이 아기를 건네 주거라."

아기의 진짜 엄마는 그 아기를 사랑하기 때문에 죽이는 것보다 차라리 다른 여자에게 주는 것이 낫다고 생각했던 거예요. 솔로몬 왕은 바로 모성애를 이용해 이 대답을 내린 것이지요.

이 재판은 솔로몬이 왕이기 이전에 얼마나 뛰어난 재판관이었는지를 잘 말해 주고 있어요. 오늘날까지도 이 재판은 역사상 가장 위대한 재판 중 하나로 전해지고 있답니다.

★ 솔로몬의 생애

솔로몬은 아버지 다윗에 이어 고대 이스라엘의 제3대 왕이 된 인물이에요. 솔로몬은 왕위 계승 문제 때문에 그의 형 아도니야와 많은 갈등을 겪었어요. 옛날에는 형이 왕위를 잇는 게 보통이었거든요.

그런데 어떻게 솔로몬이 왕이 되었을까요? 솔로몬이 왕이 될 수 있었던 것은 그가 형보다 훨씬 지혜로웠기 때문이에요. 그때에는 재판관이 따로 정해져 있지 않았어요. 그래서 왕이나 왕족 또는 귀족들이 재판을 맡아 처리하는 경우가 많았지요. 솔로몬은 매우 지혜로운 판결을 내렸어요. 백성들은 그런 솔로몬이 왕이 되기를 바랐어요. 이 때문에 솔로몬이 다윗에 이어 이스라엘의 왕이 될 수 있었던 거예요.

솔로몬은 약 40여 년 동안 이스라엘의 왕으로 있었어요. 그는 왕위에 있을 때 큰 성전을 건축했어요. 당시 큰 성전을 지을 기술이 부족했던 이스라엘은 이웃 나라 페니키아로부터 성전을 짓는 기술을 배웠어요. 그런 뒤 예루살렘에 웅장한 성전을 건축하고 그 안에 '계약의 법궤'를 모셨지요.

계약의 법궤에는 살인하지 말라, 도둑질하지 말라, 네 이웃의 재물을 탐내지 말라와 같은 10계명이 새겨져 있었어요. 솔로몬은 백성들에게 계약의 법궤에 담긴 말씀에 따라 생활할 것을 명했어요. 즉 법을 세우고 이스라

and the Social equality

엘 백성들로 하여금 그 법을 지키며 살 것을 명한 것이죠.

또한 솔로몬은 부족제를 없애고 전국을 12개의 행정 구역으로 나누었어요. 12개의 구역에 각각 관리를 파견하여 그곳을 직접 다스리게 했지요. 솔로몬이 나라를 다스릴 때는 경제 역시 풍족했어요. 당시 이스라엘은 세계 교역의 중심지에 있었어요. 솔로몬은 이스라엘을 지나가는 상인들에게 통행세를 받았어요. 또 이집트, 페니키아, 아라비아 등과도 무역을 해서 큰돈을 벌어들였지요.

그가 왕으로 있던 시절 이스라엘은 평화로운 날들을 보냈어요. 솔로몬 왕이 나라의 안정을 가져왔기 때문이지요. 솔로몬 왕은 평소에는 너그러웠지만 재판을 할 때는 매우 엄격했어요. 백성들은 그런 솔로몬 왕을 존경하면서도 한편으로는 두려워했답니다.

정의의 여신 디케

　그리스 신화에 나오는 정의의 여신 디케는 한 손에 저울을, 다른 한 손에는 칼을 쥐고 있어요. 정의의 여신이 한 손에 저울을 들고 있는 이유는 어느 쪽이 죄를 지었고 어느 쪽이 죄를 짓지 않았는지를 공평하게 심판을 한다는 뜻이에요. 또 다른 한 손에 칼을 들고 있는 이유는 죄를 지은 자에게는 벌을 내린다는 의미이지요. 그리고 정의를 실현하기 위해서는 어느 쪽으로도 기울지 않아야 하기 때문에 정의의 여신 디케는 장님이에요.

　서양에서는 디케 여신상을 법의 상징물로 여겨요. 그래서 각 도시의 법원에는 어김없이 디케 조각상이 세워져 있지요. 정의의 여신상의 모습은 시대에 따라 그 모습이 조금씩 달라져 왔어요. 그리스 시대에는 칼만 쥐고 있는 모습이었지만 로마 시대에 이르러서는 저울도 들고 있는 모습의 여신상이 만들어졌지요. 또 장님이 아니라 눈을 안대로 가리고 있는 디케 조각상도 있어요. 우리나라 대법원에 있는 정의의 여신상은 눈은 가리지 않고 칼 대신 법전을 손에 들고 있답니다.

판결이 잘못되면 어떻게 해야 할까요?

    법원은 법관들로 구성된 국가 기관으로 사법권을 행사해요. 따라서 법원의 가장 중요한 기능은 공정한 재판을 하는 거예요. 어떤 분쟁이 일어나면 법원에서는 법을 적용하여 권리와 의무 관계를 확실하게 정해 주지요. 또 소송이 일어나면 정당한 재판을 해 준답니다.

    그런데 법원에도 여러 가지 등급이 있어요. 대법원이 제일 높은 1급이고, 고등 법원이 2급, 지방 법원 및 가정 법원은 3급이에요. 재판을 받을 때는 계단을 밟고 올라가듯이 차례대로 밑에서부터 지방 법원이나 가정 법원을 거쳐 고등 법원, 대법원으로 올라가서 재판을 받게 돼요.

    지방 법원이나 가정 법원에서 제일 처음 받는 재판을 일심이라고 해요. 그런데 이 일심 판결이 억울하게 내려지면 어떻게 해야 할까요? 이럴 때는 다시 재판을 해야 하겠지요? 이것을 항소라고 해요. 항소를 하여 고등 법원에서 일심 판결에 이어 두 번째로 재판을 받는 판결을 이심 판결이라고 하지요. 만약 이때도 억울한 판결이 내려지면 최고 법원인 대법원에 다시 재판을 청구할 수 있어요. 이를 상고라고 해요.

    이렇게 한 가지 사건마다 세 번까지 재판을 받을 수 있게 하는 제도를 3심제라고 해요. 좀 더 공정하고 정확한 재판을 할 수 있는 3심 제도는 국민의 자유와 권리를 보호하는 제도랍니다.

법을 지배한 심판자
포청천

"저 자를 당장 잡아 감옥에 집어넣어라!"

포청천의 명령이 떨어졌어요. 포청천은 중국 북송 시대의 유명한 재판관이에요. 그는 지금까지도 중국에서 가장 공정한 재판을 한 재판관으로 널리 알려져 있지요.

그런데 어찌된 일인지 포청천의 명령에도 불구하고 포졸들은 꼼짝도 하지 않고 서 있었어요.

"뭣들 하는 게냐? 어서 저 자를 포박하래도!"

포청천이 다시 고함을 질렀어요.

그러자 한 관리가 포청천에게 가까이 다가와 속삭였어요.

"저…… 나리, 저 분들은 황제 폐하의 친척들입니다. 이번에는 그냥 모른 척하고 넘어가시는 게……."

당시 중국에는 부정부패가 널리 퍼져 있었어요. 그중에서도 황제의 친척들이 저지르는 부정부패는 극에 달해 있었지요. 그들은 국법도 무시하고 자기들 마음대로 백성들에게서 마구잡이로 세금을 걷었어요. 당시 그들의 권력은 황제와 견줄 만큼 대단했어요.

하지만 포청천은 물러서지 않았어요. 포청천은 항상 손에 들고 다니던 상방보검을 높이 쳐들었어요. 당시에는 이 검을 가지고 있는 자는 아무리 지위가 높은 사람일지라도 처벌할 수 있었지요.

"모범을 보여야 할 황제의 친척이 이러한 부정부패를 저지른 것은 더욱 큰 죄다. 당장 저자들을 포박해라!"

상방보검을 높이 치켜든 포청천의 엄명이 떨어지자 포졸들도 어쩔 수 없었어요. 포졸들은 부정부패를 저지른 황제의 친척들을 모두 체포했어요. 이 일이 있는 후 사람들은 포청천을 더욱 칭송하였어요.

"포청천에게는 돈도 권력도 아무 것도 안 통해."

"포청천이야말로 진정한 법관이야."

포청천은 30여 년 동안이나 관직에 있었어요. 이 기간 동안 포청천이 벌을 준 높은 지위에 있는 사람들이 무려 30여 명이 넘는다고 해요. 이것은 역사적으로 아주 보기 드문 일이에요. 옛날에는 높은 지위에 있는 사람들은 죄를 지어도 그리 심한 벌을 받지 않았어요. 하지만 포청천에게 잡혀 온 사람들은 모두 죗값을 톡톡히 치러야 했지요. 포청천은 항상 사건을 맡으면 철저하게 조사하여 공정한 판결을 내렸답니다.

또한 포청천은 억울한 일을 당한 백성들을 위해 관청 앞에 북을 설치하였어요. 그리고 그 북을 친 백성들의 억울한 사연을 직접 듣고 해결해 주었지요. 한때 그가 다스리고 있는 한 현에 특이한 소송 사건이 하나 일어났어요.

어떤 농민이 밤에 소를 외양간에 매어 두었는데 다음날 일어나 보니 그 소가 바닥에 쓰러진 채 입에서 피를 흘리고 있었던 것이죠. 농민이 놀라 소의 입을 벌려 보니, 소의 혀는 잘려져 있었어요. 너무 화가 난 농민은 관청으로 달려가 북을 쳤어요.

"포청천 님! 제발 우리 소의 혀를 잘라간 자를 잡아 주십시오."

포청천은 잠시 생각에 잠겼어요. 잠시 후 포청천이 농민에게 말했어요.

"이 사실을 아무에게도 말하지 말고 당장 집으로 돌아가서 그 소를 도살하여 팔아 버리도록 해라."

그 당시의 법에 의하면 농민 마음대로 소를 도살할 수 없었어요. 꼭 관청의 허락을 받아야 했지요.

"그 대신 관청에서 소를 도살해도 좋다고 허락을 했다는 것을 사람들에게 말하지 말라."

다음날, 어떤 사람이 관청에 와서 그 농민이 관청의 허락도 없이 자기 마음대로 소를 도살했다고 고발했어요. 이에 포청천은 기다렸다는 듯이 큰 소리로 호통을 쳤어요.

"네 이놈! 네가 바로 범인이구나. 너는 그 농민에게 원한이 있는 놈이 분명하다. 네가 소의 혀를 잘라 농민에게 피해를 입히고, 이번에는 그가 자기 마음대로 소를 도살했다고 고발하는 게지?"

그러자 그 사람은 무릎을 꿇고 손이 발이 되도록 잘못을 빌었어요. 이 일이 있은 후 포청천의 이름은 더욱 널리 알려졌어요.

포청천은 그 후에도 여러 지방을 두루 다니며 지방관직을 맡았어요. 그는 가는 곳마다 세금을 줄이고 억울한 사건을 깨끗하게 해결해 주었지요. 포청천이 살아 있을 때 '청탁이 통하지 않는 사람은 염라대왕과 포청천뿐이다.'라는 노래가 유행했다고 해요. 그 정도로 포청천은 강직한 법관이었답니다. 지금도 중국에서는 포청천의 강직한 성품과 지혜로운 재판을 존경해서 그에 대한 소설이나 희곡 등이 많이 전해지고 있답니다.

★ 포청천의 생애

포청천의 자는 '희인', 이름은 '증'이에요. 999년 중국 여주 합비에서 태어났지요. 그는 1027년 진사에 급제하여 벼슬길에 올랐어요. 하지만 연세가 많으신 부모님을 부양하기 위해 관직을 사임하고 고향으로 내려갔어요. 몇 년 후 부모님이 돌아가시자 무덤가에 초막을 짓고 3년 상을 치렀다고 해요.

그 후 포청천은 1037년에 다시 벼슬길에 올랐어요. 벼슬길에 오른 포청천은 '감찰어사', '삼사호부판관', '하북로전운사' 등의 관직을 거쳐 1061년에는 '추밀부사'라고 하는 높은 벼슬에 올랐지요.

그는 높은 벼슬에 오른 후에도 공정하고 깨끗한 정치를 한 것으로 잘 알려져 있어요. 높은 자리에 있으면서도 평소 생활은 보통 사람들과 다름없었다고 해요. 특히 지방관으로 있을 때는 부당한 세금을 없애고 백성들의 억울한 사건을 명쾌하게 해결해 주어 그 이름이 널리 알려졌지요. 또한 포청천은 판관으로서 부패한 정치가들을 엄하게 처벌하였어요.

중국에서 포청천은 전설적인 판관이에요. 그래서 중국에서는 예부터 포청천에 관한 이야기들이 전설처럼 전해져 내려오고 있어요. 포청천의 재판을 다룬 희곡, 소설 등이 수백 권에 이르지요. 그중에는 포청천이 탐

관오리를 벌주고 백성들의 억울함을 명쾌한 판결로 풀어 주었다는 이야기들이 많아요.

포청천은 친척들과 친구들에게도 매우 엄격했어요. 어떤 친척이나 친구든 그를 찾아와 청탁을 하면 절대 받지 않았어요. 시간이 지날수록 그의 친척들과 친구들도 그의 강직한 성품을 알고 더 이상 개인적인 부탁을 하지 않게 되었다고 해요. 포청천은 1062년 5월 중병을 얻어 숨을 거두면서 다음과 같은 유언을 남겼어요.

"나중에 자손들이 벼슬을 하여 부정부패를 저지르면 고향으로 돌아오지 못하게 해라. 그리고 그들이 죽은 후에도 우리 포씨 집안의 선산에 묘를 쓰지 못하도록 하여라."

그가 죽은 이후에도 사람들은 그를 '포공'이라고 하며 존경하였어요. 포청천에 대한 숭배는 지금도 계속되고 있어요. 중국 사람들은 지금도 포청천이 선한 사람들에게 복을 주고, 나쁜 사람들에게는 벌을 내린다고 생각하고 있답니다.

The Story of Law

법은 어떻게 만들어질까?

고대 그리스에서는 모든 국민이 직접 참여해서 법을 만들었어요. 그러나 그것은 사람이 많지 않았을 때의 이야기예요. 지금은 나라마다 많은 사람들이 살고 있어요. 이 사람들이 모두 모여 법을 만들기는 현실적으로 힘들겠지요? 그래서 국민의 대표인 국회의원을 뽑아서 국회의원들이 법을 만들도록 하였어요. 이것을 간접 민주제 또는 의회 정치라고 하지요.

하지만 모든 법을 국회에서 만드는 건 아니에요. 헌법에 따르면 대통령은 대통령령, 국무총리는 총리령, 행정 각 부의 장관은 '부령' 등을 만들 수 있어요. 그리고 헌법재판소, 중앙선거 관리 위원회, 대법원과 같은 헌법 기관들도 '규칙'을 만들 수 있답니다.

성문법과 불문법

성문법은 국회와 같은 입법 기관에서 일정한 절차를 거쳐 만든 법이에요. '성문'이라는 말은 글로 이루어져 있다는 뜻이에요. 즉 성문법은 글로 써서 볼 수 있게 만든 법이라는 뜻이지요. 헌법, 상법, 민법 등이 바로 성문법이에요. 우리나라에는 현재 약 4천여 개의 성문법이 있어요.

반면에 불문법은 성문법처럼 문서로 된 법이 아니에요. 불문법은 크게 관습법과 판례법으로 나눌 수 있어요. 이중 관습법은 한 사회의 구성원들이 오랫동안 관습처럼 해 왔기 때문에 만들어진 법이에요. 그리고 법원의 판결이 계속 쌓여서 만들어진 법을 판례법이라고 하지요. 판례법에 따르면 어떤 분쟁에 대해 한번 판결이 내려지면 비슷한 사건들도 그 판결에 따라 결정이 내려져요.

우리나라, 일본, 독일, 프랑스는 주로 성문법을 따르고 영국, 미국, 오스트레일리아는 주로 불문법을 따르고 있지요.

헌법, 민법, 형법은 어떻게 다를까?

헌법은 법 중에서 가장 근본이 되는 법이에요. 우리나라의 헌법은 1948년 7월 17일 처음으로 탄생했어요. 그래서 이를 기념하기 위해 매년 7월 17일 제헌절을 국가 기념일로 정해 놓고 있지요.

민법은 개인들 간의 다툼을 해결할 때 적용하는 법이에요. 빌린 돈은 언제까지 갚아야 한다거나, 몇 살이 되어야 부모님의 허락 없이 결혼을 할 수 있다거나 하는 규칙을 정해 놓은 것이 바로 민법이에요.

그리고 사회적으로 나쁜 짓을 저지른 사람을 처벌하기 위해 만들어진 법이 바로 형법이에요. 형법은 범죄를 저지른 사람에게 어떤 벌을 내릴지를 정해 놓은 법이랍니다.

법은 한 사람을 위해 있는 것이 아니다
토머스 모어

Thomas More

16세기 영국은 국왕 헨리 8세의 이혼 문제 때문에 시끄러웠어요. 헨리 8세가 캐서린 왕비와 강제로 이혼하고 앤 불린이라고 하는 젊고 예쁜 여자와 재혼을 하려고 했기 때문이지요.

"아무리 왕이라고 해도 이건 너무 한다."

"법으로 이혼을 못 하게 정해 놓았는데 어떻게 자기 마음대로 이혼을 하겠다는 거야?"

요즘은 이혼을 하는 것이 개인의 자유예요. 이혼을 하고 싶으면 언제든 서로의 동의하에 이혼할 수 있지요. 하지만 16세기 영국의 법은 달랐어요. 엄격한 가톨릭 국가였던 영국에서는 이혼을 법으로 엄격하게 금지하고 있었지요.

하지만 헨리 8세는 법률가들에게 자신의 이혼에 찬성하는 법을 다시 만들라며 은근히 협박을 했어요. 당시에는 왕의 권력이 아주 막강했어요. 법을 무시하고 사람을 마음대로 죽일 수도 있었지요. 거의 모든 법률가들이 헨리 8세의 협박에 못 이겨 법을 다시 만들기로 했어요.

하지만 헨리 8세의 명령을 거절한 법률가가 한 사람 있었어요. 그 사람이 바로 당시 영국의 대법관이었던 토머스 모어예요. 토머스 모어는 청원 재판소 판사, 하원 의장 등의 자리를 거쳐 최고의 법관인 대법관 자리에 오른 인물이에요. 또 ≪유토피아≫라는 책을 쓴 문인으로도 유명했지요.

헨리 8세는 토머스 모어를 불렀어요. 그리고 토머스 모어를 설득하여 다시 한번 기회를 주려고 했어요.

"이보게, 좀 둥글게 살면 안 되겠나? 자넨 너무 고지식해서 탈이야. 법을 아주 조금만 고치면 되는 거네. 뭘 그렇게 심각하게 생각하는가? 다른 법률가들은 이혼에 관한 법을 고치는 데 모두 찬성했다네. 이제 자네만 찬성하면 법을 고칠 수 있어. 자네는 우리나라의 최고 법관이 아닌가? 자, 이제 그만 고집을 꺾게."

헨리 8세가 법까지 고쳐 가며 왕비와 헤어지려고 한 데에는 숨은 이유가 있었어요. 헨리 8세는 자신의 아들이 영국의 국왕이 되기를 원했어요. 하지만 캐서린 왕비는 한 명의 공주만 낳았지

요. 헨리 8세는 앤 불린과 결혼하여 아들을 낳고 싶어했어요.

토머스 모어는 굳은 얼굴로 묵묵히 헨리 8세의 이야기를 듣고 있었어요. 헨리 8세의 말이 끝나자 토머스 모어는 서서히 고개를 들었어요. 그러고는 무겁게 입을 열었어요.

"폐하! 법은 한 사람을 위해 있는 게 아닙니다. 한 사람이 원한다고 해서 법을 마음대로 고친다면 그것을 어찌 법이라고 하겠습니까? 악법도 법이라는 말이 있습니다. 하물며 정당한 법을 어찌 마음대로 고치겠습니까? 이 나라의 대법관으로서 폐하의 명은 따를 수가 없습니다."

헨리 8세는 토머스 모어의 말을 듣고 화가 나 부르르 떨었어요.

"토머스 모어를 런던탑에 가두어라!"

이 소식을 전해 들은 국민들은 가슴을 졸였어요.

"국왕의 명령을 거부하다니! 토머스 모어 대법관의 앞날도 이제 얼마 안 남았구먼."

"헨리 8세가 가만 있지 않을 텐데……."

결국 토머스 모어는 이혼을 허용하는 법에 찬성하지 않았다는 죄로 사형 선고를 받게 되었어요. 많은 사람들은 그의 운명을 안타깝게 여겼지요.

"끝까지 법을 지키려고 하는 대법관을 사형에 처하다니, 이건 있을 수 없는 일이야."

"토머스 모어도 참 답답해. 지금이라도 그냥 법을 바꾸겠다고 하면 목숨을 건질 수 있을 텐데……."

하지만 토머스 모어는 고집을 꺾지 않았어요.

마침내 사형이 집행되는 날이 되었어요. 토머스 모어는 당당하게 단두대 앞에 섰어요. 그러고는 자신이 가지고 온 천으로 직접 눈을 가렸어요. 사형집행관이 마지막으로 할 말이 없느냐고 물었어요. 그러자 토머스 모어가 대답했어요.

"한때 영국의 대법관이었던 사람으로 한마디만 하겠다. 나는 법을 지키고 수호하는 사람이다. 그렇기 때문에 헨리 8세의 명령을 따를 수 없었던 것이다. 나는 모든 사람은 법 앞에서 공평해야 한다고 생각한다."

토머스 모어는 많은 사람이 지켜보는 가운데 의연하게 목숨을 내놓았어요. 자신의 신념과 법을 지키기 위해서 목숨까지 버린 토머스 모어! 사람들은 그의 마지막 모습을 지켜보며 법의 중요성을 다시 한번 깨달았어요.

★ 토머스 모어의 생애

토머스 모어는 1477년 영국에서 태어났어요. 1494년에 모어는 법률가 지망생들을 위한 링컨 법학원에 들어가 법률 공부를 했어요. 그리고 1501년에 정식 변호사 자격을 얻었지요.

토머스 모어는 법률가로서 뛰어난 재능을 발휘했어요. 그리고 그는 글도 잘 썼어요. 성경, 철학, 고전 문학 등 수많은 책을 읽으면서 문학 공부를 열심히 했지요. 게다가 사제직에도 관심이 많아 4년 동안 수도회에 머물면서 수도 생활을 체험할 정도로 열심이었지요. 하지만 평신도로 남는 것이 좋다고 생각한 토머스 모어는 다시 법률가로 돌아왔어요.

이때부터 토머스 모어는 법률가로서의 활동을 본격적으로 시작했어요. 여러 중요한 관직을 거쳐 대법관이 된 그는 영국 국민들을 위해 많은 일을 했지요. 당시 국왕이었던 헨리 8세도 토머스 모어의 도움을 많이 받았어요. 외교문서를 작성하고, 국왕의 이름으로 공문을 만드는 등 그는 나라를 위해 여러 가지 일을 했지요. 그 결과 1524년에는 옥스퍼드 대학교와 케임브리지 대학교의 대학 재판장으로 임명되기도 했어요. 영국 국민들은 이런 토머스 모어를 무척 존경했다고 해요.

하지만 헨리 8세의 이혼 문제 때문에 그의 인생이 달라지게 되었

어요. 그는 여러 가지 문제가 복잡하게 얽혀 있는 헨리 8세의 이혼 문제를 그냥 눈감아 주지 않았어요. 법에 어긋나는 일이었기 때문이지요. 그러자 헨리 8세는 1534년 4월 17일 토머스 모어를 런던탑에 가두었다가 사형을 시켰어요. 토머스 모어는 런던탑 감옥에서 ≪시련과 위안≫ 이라는 책을 썼어요. ≪시련과 위안≫은 삶의 지혜를 담은 책이에요.

토머스 모어의 사형 소식을 들은 유럽 사람들은 깜짝 놀랐어요. 에라스무스라는 철학자는 "토머스 모어는 목숨을 내던지면서 법을 지킨 사람이었다. 영국은 과거에도 그리고 이후에도 그와 같은 사람을 다시 만날 수 없을 것이다."라며 토머스 모어의 죽음을 슬퍼했지요.

토머스 모어는 죽기 전에 ≪유토피아≫라는 소설을 세상에 남겼어요. 유토피아는 '아무데도 없는 이상향의 나라'라는 뜻이에요. 이 책은 지금까지도 많은 사람들에게 읽히고 있답니다.

근대적인 법은 어떻게 만들어졌을까?

중세 유럽은 왕과 귀족들을 중심으로 이루어진 사회였어요. 일반 국민들은 자신의 권리를 주장하기 힘들었지요. 그러나 18세기쯤 되자 곳곳에서 왕과 귀족들의 폭정에 반대하는 운동이 일어났지요.

이때의 대표적인 사건이 바로 영국의 '명예혁명'과 프랑스의 '대혁명'이에요. 명예혁명은 1688년 의회가 제임스 2세의 폭정에 불만을 가지고 왕을 쫓아낸 사건이에요. 이 혁명은 아무도 피를 흘리지 않고 평화롭게 이루어졌기 때문에 '명예혁명'이라고 불러요. '대혁명'은 1789년부터 약 10년간 일어난 시민 혁명이에요. 프랑스의 왕과 귀족들은 매우 사치스러운 생활을 누리며 시민들에게 너무 무거운 세금을 걷었지요. 시민들은 이를 견디지 못하고 혁명을 일으켰어요. '대혁명'은 시민들이 왕에 대항하여 자유와 평등을 주장한 대표적인 시민 혁명이에요.

이러한 혁명 덕분에 시민들의 의견이 정치에 반영되기 시작했어요. 시민들의 의견에 따라 '법'이 만들어지기 시작한 것이죠. 이때부터 유럽에서는 처음으로 민주적인 국가가 나타나기 시작했어요.

그렇지만 법을 적용하는 방식에는 조금씩 차이가 있었어요. 영국에서는 사건이 일어난 후 재판을 거쳐 내려진 판결을 곧 법이라고 생각했어요. 그래서 그 다음에 같은 사건이 일어나면 이전 재판에서 나온 결과를 그대로 적용해서 판결을 내렸지요. 이것을 가리켜 '판례법 방식의 법체계'라고 해요. 반면에 프랑스나 독일 등의 유럽 국가에서는 법을 미리 만들어 놓았어요. 그리고 사건이 발생하면 그 법에 따라 판결을 내리지요. 이것을 '대륙 법체계'라고 한답니다.

민주주의의 역사를 바꾼 법! 법! 법!

대헌장(마그나 카르타): 대헌장은 1215년에 영국 왕의 폭정에 견디지 못한 귀족들이 자신들의 권리를 글로 작성해 놓은 문서예요. 대헌장 속에는 의회에서 만들어 놓은 법에 따르지 않고 왕 마음대로 세금을 거두거나 사람을 잡아 가둘 수 없다고 써 있어요. 영국의 대헌장은 민주주의를 한 단계 더 발전시켰다는 점에서 의의가 크답니다.

나폴레옹 법전: 1807년 나폴레옹 1세가 만든 프랑스 민법을 나폴레옹 법전이라고 불러요. 이 법전은 소유권, 계약 자유의 원칙 등 근대적인 법 개념을 기본으로 하고 있어요. 많은 나라의 법전에 큰 영향을 끼쳤답니다.

미국 연방 헌법: 미국 연방 헌법은 1787년 북아메리카 13개 주가 영국으로부터 독립하면서 만들었어요. 이 헌법에 의해 미국 연방 정부가 만들어졌지요. 그리고 지금까지 26개의 새로운 조항이 더해졌어요. 이 추가 조항을 '수정 헌법'이라고 해요.

우리나라 최초의 여성 변호사

이태영

李兌榮

"어, 웬 여자지?"

"글쎄 말이야. 정말 별일일세."

법관을 뽑는 시험장에는 남자들로 가득 차 있었어요. 남자들은 한구석에 조용히 앉아 있는 여성을 보고 수군거렸지요. 1945년, 해방과 함께 일본인 법관들은 모두 자기네 나라로 쫓겨 갔어요. 그러자 나라에서는 서둘러 실력 있는 법관을 뽑기 위해 법관 시험을 쳤지요. 이 시험에는 남녀 누구나 응시할 수 있었어요. 하지만 정말 여성이 법관 시험을 보러 오리라고는 아무도 생각하지 못했지요. 그 당시에는 여성이 법관이 된다는 것은 꿈도 꾸지 못할 일이었답니다.

시험 점수를 받아 본 여성은 얼굴을 감싸 쥐었어요. 35점! 이것이 그녀가 받은 점수였어요. 시험지를 받아들고 돌아서는 그녀의 등 뒤로 감독관의 목소리가 들렸어요.

"당신은 법관이 될 가능성이 조금도 없으니 빨리 포기하는 것이 좋겠습니다."

그녀는 부끄러워서 쥐구멍에라고 들어가고 싶은 심정이었어요.

이 사람이 바로 우리나라 최초의 여성 변호사 이태영이에요. 이태영은 당시 아이가 셋이나 딸린 서른두 살의 주부였어요. 그녀는 남들처럼 공부할 시간이 없었지요. 하지만 그녀는 포기하지 않고 매일 밤을 새워 가며 법률 공부를 했어요. 그 덕분에 이태영은 뒤늦게나마 서울대학교 법과 대학에 들어갈 수 있었어요.

　힘겹고 고된 학교 생활을 마친 그녀는 1950년 제1회 고등고시에 응시했어요. 고등고시는 판사, 검사, 변호사를 할 수 있는 자격을 얻는 시험이었어요. 그녀는 이번에는 분명히 합격할 수 있다고 생각했어요. 하지만 합격자 명단에 그녀의 이름은 없었어요. 그녀는 주먹을 꼭 쥐며 다시 한번 눈물을 삼켰어요.

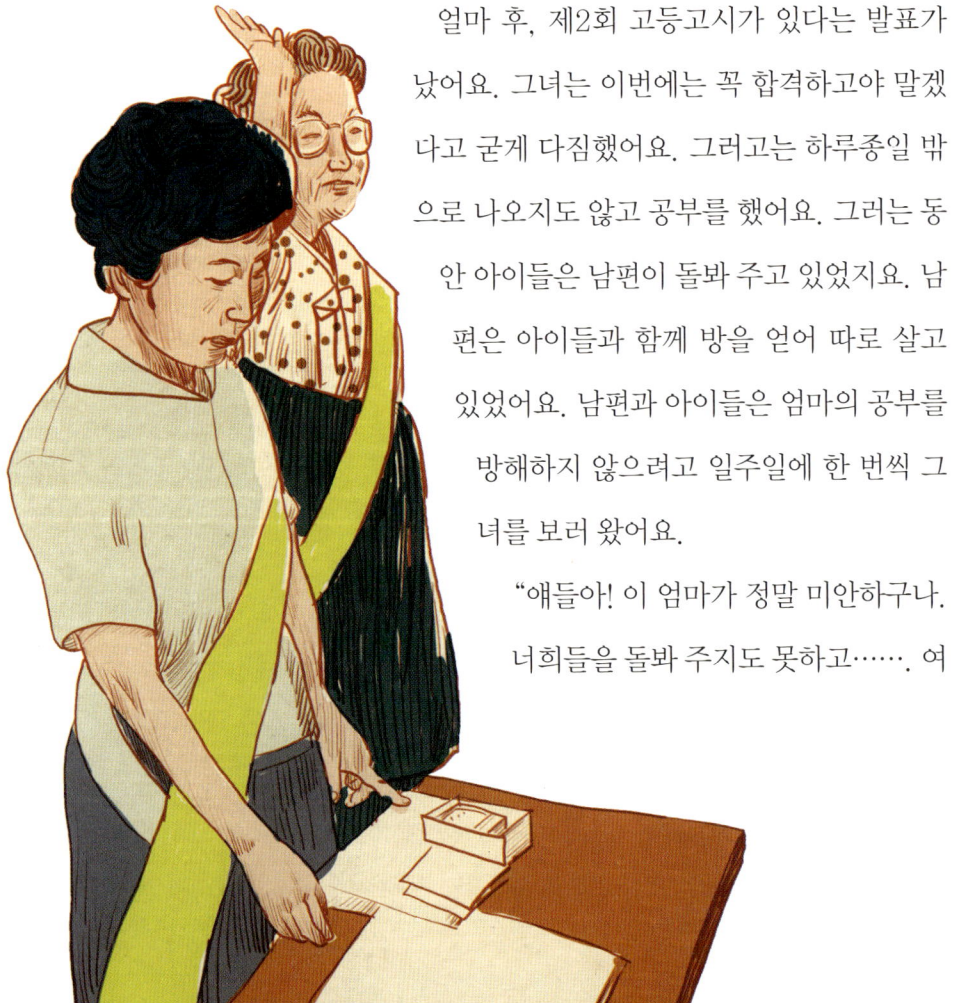

　얼마 후, 제2회 고등고시가 있다는 발표가 났어요. 그녀는 이번에는 꼭 합격하고야 말겠다고 굳게 다짐했어요. 그러고는 하루종일 밖으로 나오지도 않고 공부를 했어요. 그러는 동안 아이들은 남편이 돌봐 주고 있었지요. 남편은 아이들과 함께 방을 얻어 따로 살고 있었어요. 남편과 아이들은 엄마의 공부를 방해하지 않으려고 일주일에 한 번씩 그녀를 보러 왔어요.

　"얘들아! 이 엄마가 정말 미안하구나. 너희들을 돌봐 주지도 못하고……. 여

보! 정말 미안해요……. 나 때문에……."

아이들과 남편을 본 이태영의 눈에서는 눈물이 주르륵 흘러내렸어요.

"미안하긴. 아이들은 이제 다 컸으니 걱정 마시오. 이번에는 꼭 당신 뜻을 이루구려."

"엄마, 저희들은 괜찮아요. 엄마가 더 고생하시잖아요."

1952년, 이태영은 마침내 제2회 고등고시 시험에 당당하게 합격했어요. 우리나라 최초로 여성 법률가가 탄생하는 순간이었지요.

'이제부터는 억울한 일을 당하는 여성들을 위해 살아야지.'

이태영은 집에다 '여성 법률 상담소'를 열었어요. 이태영이 세운 이 여성 법률 상담소는 '한국 가정 법률 상담소'로 이름이 바뀌어 지금까지 이어져 오고 있어요.

이태영은 힘들게 살아가는 우리나라 여성들을 위해 참으로 많은 일을 했어요. 그중에서도 잘못된 가족법을 고쳐 여성과 남성이 평등하게 살 수 있는 기틀을 마련한 일은 빼 놓을 수 없지요. 당시의 여성들은 교육을 많이 받지 못했고 가난했어요. 억울한 일이 있어도 도움을 청할 곳이 없었지요. 1952년, 이태영은 당시 가족법의 문제점을 적은 탄원서를 들고 대법원장을 찾았어요. 그러나 당시 대법원장은 단 한마디로 이태영의 탄원서를 거부했어요.

"내가 살아 있는 한 남성 중심의 가족법은 절대 못 고칩니다. 여자인 주제에 나 원 참!"

이 말을 들은 이태영은 너무 화가 나서 다리가 후들거렸어요. 이태영은 1956년부터 가족법 개정 운동을 벌였어요.

"가족법 개정은 우리나라 모든 여성과 남성을 위한 것입니다. 남녀가 평등해져야 행복한 사회를 만들 수 있습니다!"

가족법은 결국 이태영이 주장한 대로 바뀌었어요. 하지만 하루아침에 그렇게 된 것은 아니에요. 지금과 같은 가족법이 개정된 것은 1989년 12월이에요. 이태영이 가족법 문제를 들고 대법원장을 찾아간 날로부터 무려 37년이라는 세월이 지난 후였지요. 이 오랜 시간 동안 이태영은 잘못된 가족법을 고치기 위해 애를 써 왔던 거예요. 이후에도 이태영은 평생 동안 우리나라 여성들을 위해 일을 하다가 1998년 세상을 떠났답니다.

★ 이태영의 생애

이태영은 1914년 8월 10일 평안북도 운산군에서 태어났어요. 1946년 서울 대학교 법과 대학에 입학했고, 1952년에는 제2회 고등고시에 합격하여 우리나라 최초의 여성 변호사가 되었지요.

그 후 이태영은 '여성 법률 상담소'를 세우고 여성들의 인권을 되찾기 위해 많은 노력을 했어요. 또 천여 명의 여성들이 조금씩 정성을 모아 보내 준 돈으로 1977년에는 '여성 백인 회관'을 설립하기도 했지요. 여성 백인 회관의 건물 입구와 방 입구에는 그때 도움을 준 사람들의 이름이 새겨져 있다고 해요. 여성 백인 회관에는 요즘도 도움이 필요한 많은 여성들이 찾아와 물질적 정신적 도움을 받고 있어요.

이태영이 중심이 된 여성 법률 상담소에서 벌인 사업 중 하나인 '가족법 개정 운동'은 1989년 우리나라 가족법을 바꾸어 놓았어요. 바뀐 가족법에 따르면 어머니도 아버지와 똑같이 자식에 대해 부모로서 자격을 갖고, 이혼을 할 때에는 부부가 동등하게 재산을 나누어 가져야 해요. 또 아들과 딸이 똑같이 유산을 물려받아야 하지요.

한편 이태영은 1974년 11월, 민주회복 국민 선언 등 민주화 운동과 인권 운동에도 적극적으로 참여했어요. 그러자 당시 박정희 정권은 이태

and the Social equality

　영의 변호사 자격을 빼앗아 버렸지요. 하지만 그녀에게는 변호사 자격이 중요한 것이 아니었어요. 그녀는 약 3년 동안 더 부지런히 여성 인권 운동을 위해 뛰어다녔지요. 그 후 다시 변호사 자격을 찾은 이태영은 가족법 개정을 위한 여성 연합회 회장을 맡아 많은 일을 했어요.

　이러한 공로를 인정받아 이태영은 라몬 막사이사이 상, 유네스코 인권 교육상, 브래넌 인권상, 세계감리교 평화상, 국민훈장 무궁화장, 법을 통한 세계 평화상 등 수많은 상을 수상했어요. 1969년에는 쉰다섯 살의 나이에 서울대학교에서 법학 박사 학위를 받았으며 1963부터 1971년까지 이화여자대학교 법과 대학 교수를 지내기도 했지요. 우리나라의 자랑스런 여성이었던 이태영! 그녀는 1998년 12월 21일 국립 현충원에 묻혔답니다.

이름을 지을 때도 법적인 절차가 있어요

아기가 태어나면 1개월 안에 동사무소에 가서 출생 증명서를 제출해 출생 신고를 해야 해요. 아기의 이름은 순우리말이나, 대법원에서 정해 놓은 한자를 사용해야 해요. 영어나 다른 나라의 말로는 이름을 지을 수 없어요. 또한 처음 지은 이름이 마음에 안 든다고 해서 쉽게 바꿀 수도 없지요. 이름을 바꾸려면 먼저 가정법원에 신청을 하고 재판을 받아야 해요. 재판을 받는다고 해서 다 이름을 바꿀 수 있는 건 아니에요. 이름을 바꾸기 위해서는 충분한 이유가 있어야 해요.

몇 살부터 결혼을 할 수 있을까?

결혼을 할 수 있는 나이는 법으로 정해져 있어요. 남자는 만 18세 이상, 여자는 만 16세 이상일 경우, 부모의 동의를 얻어야 결혼할 수 있어요. 그리고 만 20세 이상일 경우에는 부모의 허락 없이도 결혼을 할 수 있지요.

그러면 남녀가 결혼식을 올리면 법적으로 부부가 된 것일까요? 우리나라에서는 법적인 부부로 인정을 받으려면 구청이나 군청에 가서 혼인 신고를 해야 해요. 그렇지 않으면 법적인 보호를 받지 못한답니다. 이를

'법률혼주의'라고 해요. 하지만 실제로 혼인 신고를 하지 않고 함께 사는 부부도 꽤 많아요. 이런 사람들도 어느 정도 법으로 보호해 주고 있어요. 이를 '사실혼'이라고 하지요.

하지만 '친척'끼리는 아무리 좋아해도 서로 결혼할 수 없어요. 혼인할 수 없는 친척은 8촌 이내 친척이에요. 예전에는 성씨와 본관이 같은 동성동본도 서로 결혼할 수 없었지만 지금은 그 법이 폐지되었답니다.

재산은 어떻게 나누어지는 걸까?

어떤 사람이 죽은 뒤에 그의 재산을 물려받는 것을 '상속'이라고 하지요. 상속은 대개 죽은 사람의 유언에 따라 이루어져요. 유언이란 사람이 죽기 전에 마지막으로 남기는 말이에요. 하지만 유언이 없을 때는 법에서 정한 비율대로 가족들이 재산을 나누어 갖게 되지요. 법에서는 재산을 상속할 수 있는 순위와 비율을 정해 놓았어요. 예를 들어 아버지가 돌아가셨을 경우 어머니는 자식들보다 50% 많이 상속받을 수 있어요. 자식들은 모두 똑같은 비율로 상속을 받지요. 하지만 돌아가신 분을 특별히 잘 모신 자식이나 재산을 모으는 데 큰 기여를 한 사람은 더 많은 재산을 상속받을 수 있답니다.

미국 헌법의 기초를 세우다
토머스 제퍼슨

Thomas Jefferson

"내가 죽거든 내 묘비에 미국 대통령이라고 새기지 말고, 미국 독립 선언서를 쓴 사람이라고 새겨 다오."

토머스 제퍼슨은 미국 제3대 대통령이에요. 이런 사람이 죽는다면 당연히 "미국 제3대 대통령 여기 잠들다."라고 묘비명에 새기는 것이 당연해요. 대통령을 지냈다는 것은 집안의 영광이니까요. 하지만 토머스 제퍼슨은 그렇게 하지 않았어요. 그는 자신이 미국 독립 선언서를 쓴 사람이라는 것을 더 자랑스럽게 생각했어요.

토머스 제퍼슨과 같은 시대에 살았던 미국 사람들은 자신들이 영국인이라고 생각하고 있었어요. 미국은 영국에서 건너간 사람들이 세운 나라거든요. 그들은 영국에서 배를 타고 미국으로 건너와 새롭게 자신들의 삶의 터전을 일궜어요. 하지만 생각이나 풍습은 아직도 영국을 따르고 있었지요.

"우리는 영국 사람이니까 당연히 영국에 세금을 내야 해."

"당연하지."

그때 사람들은 미국에 살면서도 영국에 여러 가지 세금을 내고 있었어요. 하지만 토머스 제퍼슨의 생각은 달랐어요.

'우리는 영국의 식민지가 아니라 하나의 독립적인 국가야. 그런데 왜 우리 국민들은 아직도 영국 국왕의 명령에 따라 살고 있을까?'

토머스 제퍼슨은 많은 법률가들을 찾아다니며 이 문제에 대해 심각한 토론을 벌였어요. 하지만 법률가들도 대부분 똑같은 생각을 가지고 있었어요. 영국으로부터 독립을 할 생각은 거의 하지 않고 있었지요. 토머스 제퍼슨은 심각한 얼굴로 법률가들에게 말했어요.

"난 우리 미국의 독립 선언서를 만들 생각이오. 나를 도와줄 법률가가 있으면 좋겠소."

"네? 독립 선언서요?"

법률가들은 모두 놀라 일제히 그를 쳐다봤어요.

"그렇소! 독립 선언서요! 우리는 영국으로부터 멀리 떨어져 있는 이 아메리카 땅에서 살고 있소. 하지만 이 나라는 아직 영국 국왕의 지배를 받고 있소. 난 독립 선언서를 작성해 미국을 완전한 독립 국가로 만들겠소."

토머스 제퍼슨의 말이 끝나자, 많은 법률가들이 반대했어요.

"그건 안 됩니다."

"영국 국왕 폐하의 신경을 거슬려서 좋을 거 하나 없지요."

하지만 토머스 제퍼슨은 고집을 꺾지 않았어요. 그는 자신과 뜻을 같이 하겠다고 한 법률가들을 만나 독립 선언서를 만들기 시작했어요. 그는 미국이 영국 국왕의 권리에 의해서가 아니라 일반 국민들의 의견에 따라 통치되어야 한다고 생각했어요. 또 권력은 일반 국민들로부터 나와야 하며, 국민들이 교육을 통해 정부를 운영하는 방법을 배워야 한다고 생각했지요.

1776년 7월 4일, 토머스 제퍼슨은 마침내 미국 독립 선언서를 완성했어요. 그리고 그 내용은 모든 미국인들에게 알려졌지요.

우리들은 다음과 같은 것을 분명한 진리라고 생각한다.
즉, 모든 사람은 평등하게 태어났으며,
조물주는 몇 개의 양도할 수 없는 권리를 부여했으며,
그 권리 중에는 생명과 자유와 행복의 추구가 있다.

"모든 사람은 평등하게 태어났다."는 독립 선언서의 문구는 그때만 해도 혁명적인 선언이었어요. 당시 유럽에서는 국왕과 귀족이라는 특권계급이 권력을 잡고 있었거든요. 백성들은 이들에게 무조건 복종할 수밖에 없었지요. 하지만 토머스 제퍼슨은 독립 선언서를 통해 모든 권력은 국왕이 아니라 국민에게 있다고 선언했어요. '미국은 자유롭고 독립적인 국가'라는 것을 온 세상에 알린 것이죠.

　토머스 제퍼슨은 독립 선언서를 작성한 후 미국의 헌법도 제정했어요. 그는 그 과정에서 민주주의를 지지하고 노예제를 반대했지요. 또 토머스 제퍼슨은 대통령에 당선되자 치안방해법에 의해 구속된 사람들을 모두 풀어 주었어요. 치안방해법이란 정부를 비난하는 글을 쓰는 언론을 처벌하기 위해 전 대통령이 만든 법이었지요. 토머스 제퍼슨은 이 법을 헌법에 위반하는 악법이라고 생각했어요. 지금도 미국 사람들은 그가 만들어 놓은 법의 바탕 위에서 민주주의를 발전시켜 나가고 있답니다.

★ 토머스 제퍼슨의 생애

    토머스 제퍼슨은 미국 제3대 대통령을 지낸 인물로 서른세 살이 되던 해에 미국 독립 선언서의 기초를 잡은 사람이에요. 그는 버지니아 몬티셀로에서 태어나 대학을 마친 후 변호사가 되었어요. 그의 집안은 영국 웨일즈에서 살다가 17세기에 미국으로 이주해 왔어요. 미국에서 대농장을 가진 부유한 집안이었지요. 그래도 그는 민주주의를 원했고 노예제도에 반대했어요.

    토머스 제퍼슨은 변호사 일을 하면서 법에 대해 많은 것을 알게 되었어요. 이때의 경험이 미국 독립 선언서를 작성하는 데 큰 도움이 되었지요. 독립 선언서를 작성한 후에도 그는 잘못된 법을 바꾸기 위해 많은 노력을 했어요. 특히 큰아들에게 재산을 물려주는 법을 폐지하고, 정치 권력과 종교를 연결시키지 않기 위해 신교자유법을 제정하고자 많은 노력을 기울였지요. 또한 그는 달러를 단위로 하는 통화 제도를 만들었어요. 그래서 미국의 5센트짜리 동전과 2달러짜리 지폐에는 토머스 제퍼슨의 얼굴이 새겨져 있지요. 그 중 2달러짜리 지폐는 아주 귀해 그 값어치가 매우 높답니다.

    토머스 제퍼슨은 1790년에는 초대 국무장관에 올랐고, 1796년에는 부통령의 자리까지 올랐어요. 그리고 1800년에는 제3대 미국 대통령이 되었지요. 그는 대통령으로 있으면서 참으로 많은 일을 했어요. 소수의견을

and the Social equality

존중하는 민주주의를 강조했고, 종교, 언론, 출판의 자유를 이루기 위해 힘썼어요. 1804년 그는 다시 한 번 대통령에 당선되었고, 1809년 4월에 은퇴했어요.

그 후 그는 고향인 버지니아 몬티셀로로 돌아가 버지니아 대학을 설립했어요. 그리고 초대 학장에 취임하여 교육에 힘쓰다 1826년 7월 4일 눈을 감았어요. 그날은 바로 미국의 독립 선언 50주년 기념일이었지요. 현재 그의 묘비명에는 그가 죽기 전에 직접 작성해 놓은 묘비명이 새겨져 있어요.

미국 독립 선언서의 기초자,
버지니아 신교자유법의 기초자,
버지니아 대학의 아버지
토머스 제퍼슨 여기에 잠들다.

권력의 균형, 3권 분립

　옛날에는 권력이 왕에게만 있었기 때문에 왕 마음대로 할 수 있었어요. 그렇지만 지금은 그렇게 할 수가 없어요. 왜 그럴까요? 바로 권력이 세 개로 나뉘어져 있기 때문이에요. 이 세 개의 권력을 바로 3권이라고 해요. 입법권, 행정권, 사법권이 바로 그것이지요. 이렇게 3권을 분리한 이유는 권력이 한 군데로 집중되는 것을 막기 위해서예요. 우리나라의 통치 체제는 3권 분립의 원칙을 따르고 있어요.

　입법부인 국회에서는 법을 만들고 행정부는 그 법에 따라 국가의 모든 일을 해요. 그리고 사법부에서는 나라 안의 모든 법률적인 문제에 대해 옳고 그름을 최종적으로 판단하지요.

　3권 분립을 처음으로 실행한 국가는 1787년 미국이에요. 1791년에는 프랑스도 3권 분립 제도를 받아들였어요. 그 뒤 민주주의를 선택한 거의 모든 나라에서 3권 분립 제도를 받아들였지요.

　하지만 나라마다 행정부의 대표를 뽑는 방식은 조금씩 달라요. 행정부의 대표를 어떻게 뽑느냐에 따라 대통령제 국가 또는 의원내각제 국가로 부르지요. 미국이나 우리나라는 대통령제 국가여서 국민들이 직접 선거로 대통령을 뽑아요. 반면에 영국이나 일본과 같은 의원내각제 국가에서는 행정부의 대표인 수상을 국회에서 뽑는답니다.

권리와 의무는 쌍둥이

권리는 어떤 이익을 얻기 위해서 내가 주장할 수 있는 법 안에서의 힘을 말해요. 의무는 권리에 반대되는 뜻으로 법에서 우리에게 어떤 것을 하라고 하거나 또는 하지 말라고 부담을 지우는 것이지요.

예를 들어 권리와 의무의 뜻을 알아볼까요?

내가 만약 친구에게 돈을 빌려주었다면 나는 약속한 날짜까지 그 돈을 받을 권리가 있고, 그 친구는 빌려 간 돈을 갚을 의무가 생겨요. 또 도서관에서 책을 빌렸을 경우에도 권리와 의무가 발생해요. 약속한 날짜까지 책을 반납할 의무와 책을 돌려받을 권리 말이지요.

그런데 만약 빌린 돈을 갚지 않았거나 빌린 책을 돌려주지 않는다면 어떤 문제가 일어날까요? 의무를 다하지 않은 사람은 법이나 규칙 안에서 책임을 져야 해요.

권리와 의무는 이렇게 어떤 관계 속에서 생겨나지만 누구에게나 똑같이 주어지는 권리와 의무도 있어요. 대한민국 헌법에 정해진 대한민국 국민에게 주어지는 권리와 의무가 바로 그것이지요. 대한민국 국민은 누구나 자유권, 생존권, 평등권 등의 권리를 가지고 있어요. 반면에 납세의 의무, 국방의 의무, 근로의 의무 등 지켜야 할 의무도 있답니다.

나는 죽을 각오가 되어 있습니다
넬슨 만델라

NELSON ROLIHLAHLA MANDELA

"와, 만델라가 석방되었다! 만델라 만세!"

남아프리카공화국의 거리는 사람들의 환호성으로 가득 찼어요. 1990년 2월 2일, 27년간의 감옥살이를 마치고 만델라가 석방되는 순간이었지요. 만델라의 모습을 본 흑인들의 눈에서는 하염없이 눈물이 흘러내렸어요. 그들을 바라보는 만델라의 눈앞에 지난 시간들이 빠르게 스쳐 지나갔지요.

당시 남아프리카공화국의 흑인 인구는 약 3천만 명이었어요. 그런데 불과 5백만 명밖에 되지 않는 백인들이 흑인들을 지배하고 있었지요. 만델라는 어려서부터 자신과 똑같은 피부색을 가진 흑인들이 백인들의 멸시를 받는 모습을 수없이 봤어요. 어린 만델라는 흑인들에게도 힘이 있어야 한다고 생각했어요.

'우리 흑인들에게 힘이 없는 이유는 교육 때문이야. 배우지 못했기 때문에 백인들의 억압을 받는 거지. 난 이 다음에 커서 꼭 변호사가 되어 억울한 일을 당하는 흑인들을 도울 거야.'

그 후 만델라는 포트헤어 대학에 들어가 법률을 공부했어요. 당시만 해도 남아프리카공화국에서는 흑인들이 억울한 일을 당해도 법에 호소할 수가 없었어요. 흑인을 변호하려고 나서는 백인 변호사들이 없었기 때문이지요. 흑인들은 하소연도 하지 못하고 억울하게 감옥에 가는 경우가 많았어요. 그러다 보니 백인들은 법도 무시하고 마음대로 흑인들을 괴롭혔지요.

만델라는 열심히 공부한 끝에 마침내 남아프리카공화국 최초의 흑인 변호사가 되었어요. 그는 곧 흑인들을 위한 법률 사무소를 열었지요.
　'아, 이제 드디어 내가 흑인들을 위해 일을 할 수 있게 되었구나.'
　하지만 만델라의 꿈은 얼마 못 가 산산조각이 나고 말았어요. 당시 남아프리카공화국의 법률은 백인 중심으로 만들어져 있었어요. 흑인들은 법의 보호도 받을 수 없었고, 투표권도 없었고, 피해를 입어도 법정에서 재판조차 해 주지 않았지요.
　"도대체 이 나라의 법은 왜 이렇게 만들어져 있단 말인가? 법도 흑인들을 보호해 주지 않는다니! 그럼 흑인들은 개나 돼지들과 다를 바가 없지 않은가?"

만델라는 곧 흑인들을 변호하겠다는 꿈은 접었어요. 대신 불공평한 남아프리카공화국의 법을 바꿔야겠다는 꿈을 꾸었지요.

1944년 만델라는 잘못된 법을 고쳐 다시 만들었어요. 그리고 자신이 만든 새로운 법을 들고 법정을 찾아갔지요.

"이 나라에 살고 있는 사람들은 모두 평등한 권리를 가져야 합니다. 흑인들에게도 투표권을 주고, 법의 보호를 받을 수 있게 해 주십시오!"

백인 법관은 만델라를 보고 코웃음을 쳤어요.

"흑인 주제에 변호사가 되더니 아예 눈에 뵈는 게 없나 보구나. 법은 흑인 한 명이 고쳐 달라고 해서 고칠 수 있는 게 아니야!"

만델라는 법정을 나와 힘없이 거리를 걸었어요. 그러다 문득 조금 전 법관이 한 말이 떠올랐어요.

'그래, 흑인 한 사람의 힘으로는 법을 고칠 수 없어. 그렇다면 이 땅의 모든 흑인이 힘을 합하면 어떻게 될까? 그렇게 되면 잃어버렸던 우리의 권리를 찾을 수 있지 않을까?'

그 후, 만델라는 뜻을 같이하는 흑인들과 함께 잃어버린 흑인들의 권리를 되찾기 위해 흑인 운동을 벌였어요. 그러다 1962년 흑인들을 선동했다는 이유로 체포되었지요. 그리고 이듬해 국가를 무너뜨리려 했다는 죄를 뒤집어쓰고 종신형을 선고받았어요.

하지만 감옥에서도 만델라의 투쟁은 멈추지 않았어요.

"잃어버린 우리의 권리를 찾으려면 백인만을 위해 만들어진 법을 바꿔야 합니다! 나는 이미 죽을 각오가 되어 있습니다!"

만델라를 감옥에 가두면 흑인 운동이 끝날 거라고 생각한 백인 정부의 생각은 틀렸어요. 오히려 흑인 운동은 더 거세게 일어났어요.

"만델라를 석방하라! 그리고 백인만을 위한 법을 폐지하라!"

세계의 언론도 만델라의 석방을 위해 노력했어요. 27년 동안 그렇게 끝없는 투쟁이 이어졌지요. 그리고 마침내 27년 만에 만델라는 감옥에서 풀려났어요.

만델라의 끝없는 투쟁에 힘입어 남아프리카공화국에서는 1991년 인종 차별을 하던 주민 차별법이 폐지되었어요. 그리고 1993년에는 흑인들에게도 백인들과 똑같은 선거권이 주어졌지요.

★ 넬슨 만델라의 생애

남아프리카공화국은 17세기 중반부터 백인들의 지배를 받아야 했어요. 몇백 년 동안이나 소수의 백인들이 다수의 흑인들을 탄압했지요. 짐승만도 못한 대우를 받으며 살아 온 남아프리카 흑인들에게 인간으로서의 권리를 갖게 해 준 사람이 바로 넬슨 만델라예요.

그는 1918년 남아프리카공화국 트란스케이에서 태어났어요. 그는 어려서부터 흑인들의 차별을 보고 자랐어요. 그런 만델라는 흑인 인권 운동을 위해 평생을 살 것을 다짐했지요.

만델라는 남아프리카공화국 최초의 흑인 변호사로서 많은 활동을 했어요. 하지만 변호사 한 명의 힘으로는 잘못된 법을 바꿀 수 없다는 것을 깨닫고, 흑인 청년 동맹과 민족회의를 만들어 저항 운동을 시작했어요. 그러다가 흑인들을 선동했다는 이유로 마흔네 살 때 종신형을 받아 감옥에 갇히게 되었어요. 하지만 감옥 안에서도 그의 투쟁은 계속 이어졌고 27년 만인 일흔두 살의 나이에 석방되었어요. 그리고 그는 350년에 걸쳐 계속되어 왔던 인종 차별에 관한 법과 제도를 폐지시켰어요. 또한 남아프리카 백인들이 만들었던 '흑인 분리 정책'도 없애 버렸지요.

그러한 노력의 결과로 그는 1979년 옥중에서 자와할라네루상,

1981년 브루노 크라이스키 인권상, 1983년 유네스코 시몬 볼리바르 국제상, 그리고 1993년에는 노벨 평화상을 받았어요. 게다가 1994년에는 남아프리카공화국 최초의 흑인 대통령이 되었지요. 그는 대통령이 된 후에도 백인들에게 아무런 보복을 하지 않았어요. 그가 대통령으로 있는 동안 흑인과 백인은 새롭게 만들어진 법에 따라 똑같은 보호를 받았지요.

1995년 7월과 2001년 3월, 만델라는 두 차례에 걸쳐 우리나라를 방문하여 정상회담을 가졌어요. 그는 이 자리에서도 나라가 부강해지려면 먼저 법이 올바로 서야 한다고 말했지요. 만델라는 현재 대통령직에서 물러나 남부 아프리카 개발 공동체의 의장직을 맡고 있어요. 그가 쓴 책으로는 자유를 위한 투쟁의 의지를 밝힌 ≪투쟁은 나의 인생≫과 자서전 ≪자유를 향한 머나먼 여정≫이 있답니다.

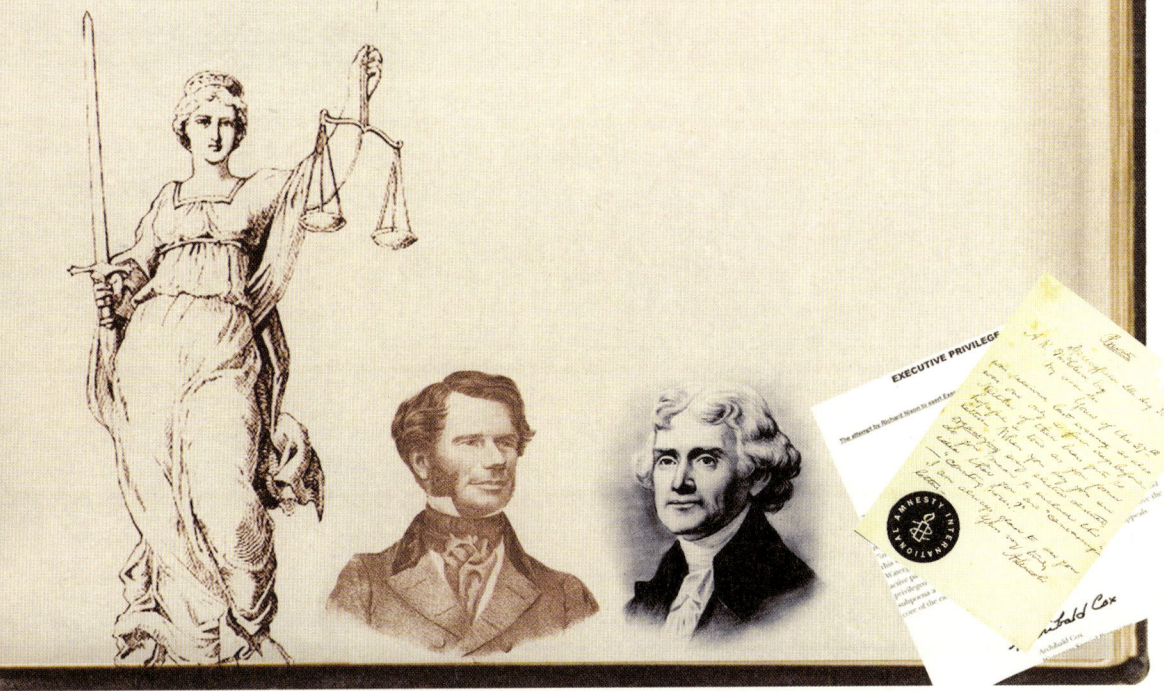

죄형법정주의가 뭐예요?

옛날에는 어떤 죄를 지으면 어떤 벌을 줄 것인지를 미리 정해 놓지 않았어요. 그래서 똑같이 도둑질을 한 사람일지라도 노예나 신분이 낮은 사람이 도둑질을 하면 큰 벌을 받았지만 귀족이 도둑질을 하면 가벼운 벌을 받았지요.

죄형법정주의는 이러한 일이 더 이상 일어나지 않도록 하기 위해 만들어졌어요. '범죄와 형벌은 국회에서 만든 법률로 미리 정해져 있어야 한다.'는 원칙이 바로 죄형법정주의예요. 쉽게 말해 어떤 죄를 지었을 때는 어떤 벌을 내리겠다는 원칙을 미리 정해 놓은 것이지요.

죄형법정주의의 원칙에는 '관습형법의 금지'와 '형법불소급의 원칙', '유추해석의 금지' 등이 있어요. '관습형법의 금지'는 관습으로 사람을 처벌할 수 없다는 뜻이에요. 예를 들어 길에 침을 뱉으면 감옥에 보내는 한 마을이 있다고 생각해 보세요. 이 마을 사람들은 이런 관습에 익숙해져 있어서 아무도 길에 침을 뱉지 않아요. 하지만 이런 관습이 있는지도 모르는 다른 마을 사람이 그 마을에서 무심코 침을 뱉었다가 감옥에 간다면 얼마나 억울하겠어요? 그래서 관습형법은 인정될 수 없는 거예요.

'형법불소급의 원칙'은 뒤늦게 법이 만들어져서 "네가 전에 한 일은 죄가 되니 벌을 받아야 한다."라고 할 수 없다는 원칙이에요. 예를 들어

지금은 건널목을 건널 때 손을 들지 않고 건너도 죄가 되지 않아요. 그런데 얼마 후 그런 법이 만들어졌다고 생각해 보세요. 이때 "너 지난번에 손을 안 들고 건널목을 건넜지? 이제 그 벌을 받아라."라고 할 수 없다는 말이에요.

'유추해석의 금지'를 이해하려면 먼저 '유추'가 무슨 뜻인지 알아야 해요. 유추는 어떤 것을 보고 '이것은 이것과 비슷해.'라며 추리하는 것을 말해요. 이처럼 법에 정해져 있지도 않은 내용을 제멋대로 생각해서 벌을 내리면 곤란해요. 아무런 잘못도 없는데 비슷한 죄목을 찾아내서 뒤집어씌울 수도 있을 테니까요. 이런 잘못을 막기 위해 '유추해석의 금지'를 법으로 정해 놓은 거예요.

같은 죄로 두 번 처벌받지 않는다!

어떤 사람이 도둑질을 해서 재판을 받고 그에 해당하는 벌을 받았어요. 그런데 판사가 생각해 보니 벌을 너무 가볍게 준 것 같았어요. 그래서 다시 그 도둑을 불러 더 큰 벌을 주려고 한다면 어떻게 될까요? 이미 벌을 받았는데 또 벌을 받으라고 하니 그 도둑은 얼마나 억울하겠어요. 그래서 '일사부재리의 원칙'이라는 것이 있어요. 동일한 범죄에 대해서는 거듭 처벌하지 않는다는 거지요.

내일 죽더라도 올바른 법을 세우겠다
김병로

金炳魯

"우리 민족이 독립을 주장하는 것은 당연한 것입니다. 잘못을 저지른 것은 오히려 일본 경찰이니 이 독립운동가들을 모두 풀어 주어야 합니다."

법정에 있던 모든 사람들은 깜짝 놀라 변호사를 쳐다봤어요. 그때는 일제 강점기였기 때문에 어느 누구도 일본이 잘못되었다고 말하지 못했어요. 그런 말을 했다가는 감옥에 가기가 일쑤였거든요.

"신성한 법정을 모독하지 마시오!"

성난 판사가 탁자를 꽝꽝꽝 내려쳤어요. 그러나 변호사는 눈 하나 깜짝하지 않고 말을 이었어요.

"만약 독립운동을 한 이들에게 벌을 주려거든 식민통치를 받고 있는 삼천 만 조선 민족 모두에게 벌을 주어야 할 것이오. 삼천 만 조선 민족이 모두 독립운동을 하고 있으니까 말이오!"

"변호사는 당장 이 법정에서 나가시오! 당장!"

화가 머리끝까지 오른 일본인 판사는 고래고래 소리를 질렀어요. 변호사는 일본 경찰들에 의해 억지로 끌려 나갔어요.

이 사람이 바로 김병로예요.

김병로는 언제나 흰 고무신에 두루마기 차림으로 억울하게 누명을 쓴 우리나라 사람들의 변호를 맡았어요. 김병로의 변론은 수많은 사람들에게 희망과 용기를 주었지요. 김병로는 우리나라 법조인들 중에서도 가장 청빈하고 강직한 사람으로 손꼽히는 사람이에요. 그는 평생 어떠한 불의와도 타협하지 않고 오직 올바른 법을 세우는 일에만 신경을 썼어요.

광복이 되고 나서 얼마 있다가 김병로는 폐결핵을 얻어 앞으로 3개월밖에 못 살 거라는 진단을 받은 적이 있어요. 며칠 동안 병원에 누워 있던 김병로는 갑자기 퇴원을 하겠다며 옷을 갈아입고 나왔어요.

"내가 앞으로 30년은 더 살아야 이 나라의 법을 올바로 세울 텐데, 3개월밖에 못 산다고 하니 이제부터 100배는 더 열심히 일해야겠구나."

이 말을 들은 집안 식구는 물론이고 많은 사람들이 그를 말렸어요. 하지만 김병로는 들은 척도 하지 않고 더욱 부지런히 일을 했어요. 다행히 얼마 후 다시 진찰을 받아 보니 폐결핵이 아니라 가벼운 병이었던 것으로 밝혀졌어요. 그는 이 일이 있은 후 17년이나 더 살면서 우리나라에 올바른 법을 세우기 위해 끊임없이 노력했지요.

대한민국 정부가 세워지고 난 뒤 김병로가 초대 대법원장이 된 것은 당연한 일이었어요. 우리나라의 거의 모든 법률가들은 그가 초대 대법원장을 맡아야 한다고 생각했지요.

대법원장이 된 지 2년 만에 김병로는 골수염에 걸려 한쪽 다리를 잘라내는 대수술을 받았어요. 하지만 그는 자리에 누워 있지 않았어요. 한쪽 다리로 힘든 몸을 이끌고 매일 대법원장실로 출근했지요. 그리고 기회가 있을 때마다 법관들에게 충고했어요.

"일본이 엉터리로 운영해 온 법을 올바로 바로잡아야 한다. 법이 올바로 서고, 올바른 법관이 있다면 우리나라는 결코 망하지 않는다. 올바른 법관이 되려면 누구의 명령이나 협박에도 흔들리지 말고 오직 법과 자신의 양심에 따라 재판을 해야 한다."

김병로는 무려 9년 3개월 동안이나 대법원장으로 일했어요. 그렇게 오랫동안 대법원장으로 있으면서도 그는 항상 검소하게 생활했지요. 전해 오는 이야기에 따르면 그가 대법원장이 되고 몇 달 후에 결재 도장의 윗부분이 부러져 반 토막이 되어 버렸다고 해요. 다른 사람 같았으면 당장 다른 도장으로 바꾸었을 거예요. 하지만 김병로는 대법원장을 그만둘 때까지 그 도장을 그냥 사용했다고 해요.
　김병로는 자신의 불편한 몸은 돌보지 않고 오직 우리나라에 올바른 법질서를 세우기 위해 평생을 노력한 사람이에요. 이 때문에 김병로는 오늘날에도 젊은 법관들이 가장 존경하는 법조인으로 손꼽히고 있답니다.

★ 김병로의 생애

옛 사람들은 자신의 이름 이외에 호라고 하는 이름을 하나 더 가지고 있었어요. 때에 따라서는 이름 대신 호를 더 자주 쓰곤 했지요. 김병로의 호는 '가인'이에요. 거리의 사람이라는 뜻이지요. 김병로의 호는 원래 작은 돌이라는 뜻의 '소석'이었다고 해요. 남보다 몸집은 작지만 돌처럼 단단하게 살라는 뜻에서 그렇게 지은 것이죠. 하지만 일제에게 나라를 빼앗기자 김병로는 마치 집 없이 길거리를 헤매는 사람과 같은 기분을 느꼈어요. 그래서 그때부터 자신의 호를 가인이라고 했다고 해요.

김병로는 1887년에 전라남도 순창의 한 가난한 집안에서 태어났어요. 1905년 을사보호조약이 맺어지고 나라를 잃자 김병로는 자살을 결심했어요. 하지만 그보다는 일제를 이 땅에서 몰아내는 것이 더 올바른 일이라고 생각을 바꿔서 최익현의 의병단에 들어가 의병 활동을 했지요.

그러다 김병로는 일본으로 건너가 악착같이 법을 공부했어요. 법을 공부해서 하루빨리 잃어버린 나라를 되찾아야겠다는 생각 때문이었지요. 그 후 변호사가 되어서는 독립운동가들을 변호하기 위해 이리저리 뛰어다녔어요. 그러면서 독립운동 단체인 신간회에 가입해 열심히 독립운동을 했지요. 또한 광복이 된 후에는 사법부의 기틀을 잡기 위해 밤낮으로 뛰어다녔

and the Social equality

어요. 이 때문에 사람들은 그를 가리켜 '가인'이라는 호가 정말 잘 어울리는 사람이라고 입을 모았답니다.

이승만 정권이 권력을 잡고 있던 시절, 사법부는 행정부로부터 많은 견제를 받았어요. 대통령은 사법부의 판사들에게 지위가 높은 사람이나 권력이 있는 사람들은 죄를 지어도 그냥 풀어주라는 지시를 내리곤 했어요. 하지만 초대 대법원장인 김병로는 목에 칼이 들어와도 절대 그럴 수 없다고 못을 박았어요. 그 후로는 행정부에서도 김병로의 서릿발 같은 기개에 눌려 함부로 그런 청탁을 하지 못했다고 해요. 사람들은 지금도 부정부패로 얼룩진 이승만 정권 시절에 그나마 올바른 판결이 많았던 것은 김병로가 대법원장 자리에 있었기 때문이라고 입을 모으고 있어요.

우리나라 법률가들에게 많은 가르침을 남긴 김병로는 1964년 일흔여섯 살의 나이로 눈을 감았답니다.

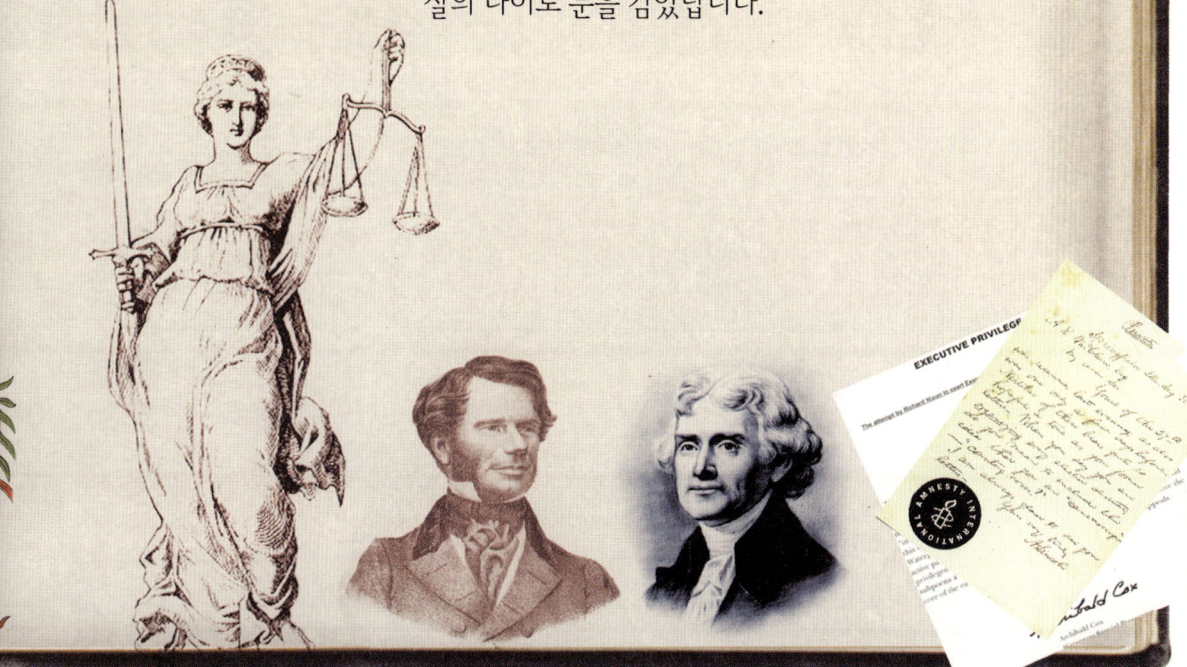

법치주의가 뭐예요?

옛날에는 왕이나 귀족 등 일부 계층 사람들이 국민을 지배했어요. 그래서 그때에는 왕이나 귀족의 말이 곧 법이었어요. 자기 마음에 들지 않으면 사람을 마음대로 죽이기도 했지요. 아무리 훌륭한 왕이 지배하는 나라라고 해도 그 나라의 주인은 국민이 아니라 왕이었어요. 따라서 국민의 권리는 보장받을 수 없었지요. 이런 정치를 사람에 의한 지배라는 뜻으로 '인치' 라고 해요.

하지만 지금은 모든 것을 법에 따라야 해요. 아무리 대통령이라고 하더라도 마음대로 국민들을 다스릴 수 없어요. 법에 따라서 국민들을 다스려야 하지요. 이렇게 법으로 나라를 다스리는 것을 '법치주의'라고 해요. 그리고 법치주의에 따라 운영되는 나라를 법치주의 국가라고 하지요.

법치주의 국가에서는 법에 정해진 내용 외에는 아무도 국민에게 이래라 저래라 명령할 수 없어요. 예를 들어 나라에서 성인 남성에게 "군대에 가시오."라고 명령하거나, "세금을 내시오."라고 명령할 수 있는 것은 법에 그렇게 명령해도 된다고 정해져 있기 때문이에요.

법치주의 국가의 법은 국회에서 만들어요. 그런데 국회를 구성하는 국회의원들은 국민들이 뽑은 사람들이에요. 따라서 법치주의 국가에서는 간접적이지만 국민들이 스스로 법을 만들고, 그 법에 따라 생활한다고 할 수 있지요. 우리나라 헌법에는 "국가의 안전 보장, 질서 유지, 또는 공공복리를 위하여 필요한 경우에만 법률로써 국민의 자유와 권리를 제한할 수 있다."라고 되어 있답니다.

법을 어기면 어떤 벌을 받을까요?

　법치주의 국가에서는 법을 어기면 벌을 받아야 해요. 법을 어기고 범죄를 저지른 사람에게 주는 벌을 형벌이라고 하지요. 형벌 중에서 가장 무서운 것은 사형이에요. 사형은 생명을 잃게 하는 벌이라고 하여 생명형이라고 해요. 사형 다음으로 높은 형벌은 징역이에요. 징역은 범죄자를 감옥에 가두어 신체의 자유를 누리지 못하게 하는 벌이지요. 징역 중에서도 가장 무서운 벌은 바로 무기징역이에요. 무기징역을 선고 받으면 평생 감옥에서 나올 수 없답니다. 구류는 죄인을 1일 이상 30일 미만의 기간 동안 교도소나 경찰서 유치장에 가두어 두는 형벌이에요. 징역과 구류 등의 형벌을 가리켜 자유형이라고 하지요. 또한 가벼운 죄를 지었을 때는 돈으로 죗값을 치르는 경우도 있어요. 벌금이나 과료 및 몰수와 같은 형벌이에요. 이런 벌을 재산형이라고 해요. 그리고 사람이 누릴 수 있는 권리를 제한하거나 빼앗아 버리는 명예형도 있어요. 명예형은 범죄자가 가지고 있던 자격을 정지시키는 벌이랍니다.

차티스트 교장 선생님
오브라이언

"우리 지역을 대표하는 대표자를 왜 우리 손으로 뽑을 수 없는 걸까?"

"그야 뭐 우리가 가난한 노동자니까 그렇지. 가난한 노동자는 인간 취급도 못 받는다고."

오늘날에는 성인이 된 국민은 누구나 투표를 하여 대통령이나 국회의원, 시의원 등을 뽑을 수 있어요. 하지만 100년 전까지만 해도 선거권은 소수의 사람들에게만 주어진 특별한 권리였어요. 19세기 초 영국에서도 마찬가지였지요. 영국에서는 귀족 계급만 선거권을 가지고 있었어요. 가난한 노동자들은 선거를 할 수 없었답니다.

런던에 변호사 사무실을 개업한 오브라이언은 이러한 상황을 그냥 지켜보고 있을 수 없었어요.

'이건 분명 잘못된 법이야!'

오브라이언은 노동자들도 선거를 할 수 있게 하려면 어떻게 해야 할지를 생각했어요. 답은 이미 정해져 있었어요. 노동자에게도 선거권을 주자는 운동을 벌이는 것이었지요. 오브라이언은 당장 몇몇 친구들과 함께 차티스트 운동을 시작했어요. 차티스트 운동은 노동자들에게 선거권을 주자는 운동이에요. 얼마 후 오브라이언이 차티스트 운동을 한다는 소식이 영국 곳곳으로 번졌어요.

"자네, 차티스트라고 들어 봤나?"

"아, 노동자들도 선거권을 가질 수 있게 하자는 그 운동 말인가? 안 그래도 나도 그 운동에 참여하려던 참일세."

많은 노동자들이 오브라이언의 변호사 사무실을 찾았어요.

"교장 선생님, 의회에서 정말 우리의 주장을 받아 줄까요?"

당시 오브라이언은 차티스트 교장 선생님이라고 불렸어요. 오브라이언은 노동자들의 권리를 찾아 주는 것이 마치 자기 일인 것처럼 열심히 뛰어다녔어요. 의회를 책임지고 있는 국회의원들을 찾아다니며 노동자들에게도 선거권을 주어야 한다고 목소리를 높였지요. 그래서 '차티스트 교장 선생님'이라는 별칭이 붙게 된 거예요.

"물론 쉽지 않을 겁니다. 하지만 우리 모두가 힘을 합하면 언젠가는 꼭 이루어질 것입니다."

오브라이언은 차티스트 운동을 하면서 의회에 다

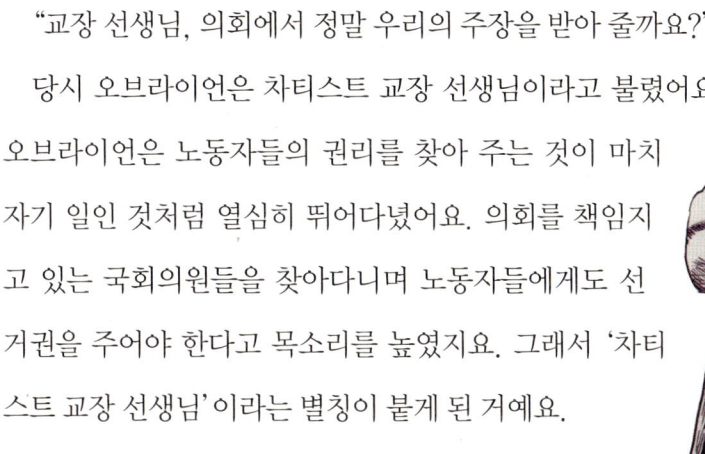

음과 같은 6개의 권리를 요구했어요. 그것은 모든 사람들에게 선거권을 줄 것, 선거구를 공정하게 할 것, 비밀 투표를 보장할 것, 선거를 해마다 열 것, 의원에게 합당한 보수를 지급할 것, 재산이 많은 사람만 의원 후보를 할 수 있다는 기존의 제도를 폐지할 것이었지요.

1839년, 드디어 128만 명이나 되는 노동자들의 서명을 모아 의회에 제출했어요. 하지만 국회에서 압도적인 차이로 부결되어 뜻을 이루지 못하였지요.

하지만 오브라이언은 결코 실망하지 않았어요. 아니 실망하기는커녕 오히려 더 신명이 난 사람 같았어요.

"이번에는 비록 의회에서 부결이 되었지만, 의원들 중에는 찬성표를 던진 사람들도 있습니다. 우리가 조금만 더 힘을 모으면 나머지 의원들의 마음도 움직일 수 있을 겁니다."

1842년, 오브라이언은 약 332만 명의 서명을 받아 국회에 제출하였어요. 하지만 의회는 끈질긴 노동자들의 요구 조건을 또 무시했어요. 그러자 노동자들 사이에서 오브라이언을 비난하는 목소리도 높아졌어요.

"오브라이언은 이룰 수도 없는 일을 하겠다고 하는 사람이야."

"맞아, 오브라이언 말만 믿고 괜히 시간만 낭비했어. 아무리 노력해도 법을 바꿀 수는 없어."

하지만 오브라이언은 뜻을 굽히지 않고 잘못된 법을 고치기 위해 밤낮으로 노력했어요.

"물고기가 살려면 물이 있어야 하는 법입니다. 물고기와 물은 절대로 떨어질 수 없지요. 물고기가 국회의원이라면 물은 곧 국민입니다. 국민 없이 어떻게 국회의원이 살 수 있겠습니까? 그들은 결국 우리의 요구를 들어줄 수밖에 없을 겁니다."

몇 년 뒤 국회에서는 결국 노동자들과 오브라이언의 요구를 모두 받아들였어요. 노동자에게 선거권을 주어야 한다는 역사적인 흐름을 막을 수 없었던 것이죠. 그렇게 되기까지는 차티스트 교장 선생님이라고 불린 오브라이언의 힘이 컸어요. 그 후에도 그는 평생 노동자들의 편에서 그들을 위해 일했답니다.

★ 오브라이언의 생애

오브라이언은 아일랜드에서 태어난 영국인이에요. 노동자들의 차티스트 운동을 이끈 지도자 중 한 사람이지요. 그는 차티스트 운동을 한 여러 지도자들 중에서도 가장 뛰어난 지도력을 발휘했어요. 많은 노동자들이 의욕을 잃고 포기하려고 할 때마다 그는 중심에서 그들을 이끌어 주었어요. 이 때문에 그는 '차티스트 교장 선생님'이라는 별명을 얻게 되었지요.

오브라이언은 법을 공부해 런던에서 변호사 사무실을 차렸어요. 노동자들의 인권을 보호하기 위한 변론을 주로 했지요. 그러다가 영국 런던의 노동자들이 어떻게 살고 있는지를 직접 몸으로 느끼게 되었어요. 런던의 노동자들은 그야말로 비참하게 살고 있었지요. 그들에게는 아무런 권리도 없었어요. 국민의 기본적인 권리라고 할 수 있는 투표권도 없이 그저 하루 종일 힘겹게 일만 하고 있었던 거예요.

오브라이언은 영국의 법을 고쳐 노동자들에게도 투표권을 주어야 한다고 생각했어요. 투표권이 있고 없는 것은 아주 큰 차이가 있어요. 국회의원이 되려는 사람은 투표권이 있는 국민들에게 잘 보여야 해요. 그래야 국민들이 국회의원으로 뽑아 줄 테니까 말이지요. 하지만 투표권이 없는 노동자들에게는 잘 보일 필요가 없었지요. 오브라이언은 이런 사실을 누구보다

and the Social equality

    도 잘 알고 있었어요. 그래서 그는 노동자들에게 선거권을 주기 위해 평생을 노력하였답니다.

    그는 1837년 차티스트 운동의 지도자 퍼거스 오코너와 함께 '북극성'이라는 차티스트 운동 신문을 만들었어요. 북극성은 일주일 만에 1만 부가 팔려 나갈 정도로 큰 인기를 끌었어요. 이 판매 부수는 영국에서 가장 유명한 신문인 〈타임스〉의 판매 부수와 맞먹는 것이었지요. 오브라이언은 북극성 신문에 글을 실어 노동자들의 권리가 어떤 것인지를 알렸어요. 또한 오브라이언은 〈가난한 자의 파수꾼〉이라는 잡지의 편집을 맡기도 하고 정치적인 내용을 담은 시를 쓰기도 했답니다.

The Story of Law

우와! 나에게도 이런 권리가 있구나!

　우리나라 헌법에서는 국민의 자유권, 평등권, 생존권, 청구권, 참정권 등을 함부로 무시할 수 없다고 정해 놓고 있어요.

　자유권이란 국가 권력에 의하여 자유를 침해당하지 않을 권리를 말해요. 쉽게 말해서 우리나라 국민 개개인은 모두 자유롭게 자신의 몸을 움직일 수 있어요. 또한 자유롭게 돈을 벌 수 있으며 자신의 마음에 드는 종교를 가질 수 있지요. 자신이 살고 싶은 곳에서 살 수 있고, 생각을 자유롭게 말할 수 있어요. 이러한 권리를 자유권이라고 해요. 자유권에는 신체의 자유, 종교의 자유, 주거의 자유, 언론·출판·집회·결사의 자유, 예술의 자유 등이 있어요.

　그럼 평등권이란 무엇일까요? 평등권은 모든 사람이 법 앞에 평등하다는 뜻이에요. 권력이 있는 사람이나 권력이 없는 사람이나, 돈이 많은 사람이나 돈이 없는 사람이나 모두 똑같은 법이 적용된다는 것이죠.

　생존권은 사회권이라고도 해요. 생존권에 따르면 국가는 최소한의 국민 생활을 보장해야 할 의무가 있어요. 그래서 국가에서는 가난하게 사는 사람들을 위해 어느 정도의 생활비를 주고 있어요. 생존권은 빈부의 격차가 점점 심해지면서 만들어졌어요. 생존권은 가난한 사람들을 국가가 보호해 주는 법이랍니다.

참정권이란 국민이 국가가 하는 일에 참여할 수 있는 권리를 말해요. 국민은 투표를 통해 대통령, 국회의원, 지방자치단체장 등을 뽑을 수 있고 자신이 선거에 나서서 대통령이나 국회의원 등이 될 수도 있답니다.

청구권은 국민이 자신의 권리가 침해당했을 때 국가 등을 대상으로 소송을 걸 수 있는 권리예요. 예를 들어 댐 공사가 잘못되어서 수해를 입었다면 국가에 배상을 청구할 수 있어요. 청구권이 없으면 자신이 어떤 피해를 입었을 때 도움을 청할 곳이 없겠지요? 따라서 청구권은 자유권, 참정권, 생존권 등의 기본권을 보장해 주는 아주 중요한 권리랍니다.

새롭게 등장한 환경권

1972년 '스톡홀름 선언(인간 환경 선언)'에서 인간은 쾌적한 환경에서 살 권리가 있다는 이야기가 처음 나왔어요. 그 후 세계 여러 나라에서는 환경의 중요성을 깨닫고 환경 보존을 위해 많은 노력을 하고 있어요.

자동차 매연, 소음, 공장에서 나오는 유해가스 등이 바로 환경권을 침해하는 주범이에요. 또한 인간이 살아가는 데 꼭 필요한 것이 제한된 경우에도 환경권이 침해되었다고 할 수 있어요. 대표적인 것이 바로 '일조권'이지요. 일조권이란 햇볕을 받을 수 있는 권리예요. 이웃에 높은 건물이 생겨 환경권을 침해 받는다면 손해 배상을 받을 수 있답니다.

죄 없이 감옥에 갇힌 사람들을 위하여
피터 베넨슨

Peter Benenson

1961년 아침, 영국의 변호사인 피터 베넨슨은 여느 때와 마찬가지로 일어나자마자 신문을 펼쳐 들었어요. 늘 그렇듯 신문에는 많은 사건들로 가득 차 있었지요. 피터는 유심히 신문을 읽어 봤어요. 그러다 사회면에 실린 한 기사에 눈이 갔어요.

'자유를 위하여 건배한 포르투갈 학생들에게 7년형 구형!'

피터는 고개를 갸웃거렸어요. 법을 공부한 그로서는 도저히 이해가 안 되는 얘기였거든요.

'에이, 설마 자유를 위하여 건배를 했다는 이유만으로 감옥에 갔을까?'

피터는 기사를 좀 더 자세히 읽어 봤어요. 그런데 다른 이유가 없었어요. 정말 자유를 위하여 건배를 했다는 이유만으로 포르투갈 학생들은 7년 동안 감옥에 갇히게 된 거예요.

당시 포르투갈은 독재자가 권력을 잡고 있었어요. 독재자는 자신의 권력을 지키기 위해 많은 사람들의 자유를 억압했지요. 특히 민주주의를 외치는 사람들에게는 자기 마음대로 벌을 주었어요. 그야말로 독재자의 말 한마디가 곧 법이었던 것이죠.

피터는 신문을 내려놓고 깊은 생각에 잠겼어요.

'이렇게 억울하게 감옥에 갇혀 있는 사람들을 위해 내가 할 수 있는 일이 없을까?'

피터는 며칠 동안 변호사 사무실에 출근도 하지 않고 이 문제를 심각하게 고민했어요. 그러던 어느 날 피터는 큰 결심을 했어요.

"그래! 나 혼자 고민하고 있을 게 아니라 나와 같은 생각을 가지고 있는 사람들을 찾자. 많은 사람이 힘을 합하면 억울하게 감옥에 갇혀 있는 사람들을 도울 수 있을 거야."

피터는 곧 영국과 프랑스의 신문에 자신의 생각을 글로 실었어요.

"일주일 가운데 어느 날이라도 좋습니다. 신문을 펼쳐 보십시오. 그럼 억울하게 감옥에 갇혀 처형당하는 죄 없는 사람들에 대한 기사를 볼 수 있을 것입니다. 많은 사람들이 지금도 정부와

생각이 다르다는 이유만으로 목숨을 잃고 있습니다. 여러분들은 분명 그런 기사를 읽으면 가슴이 아플 것입니다. 만약 전 세계에 있는 독자들이 함께 모여 하나의 공동체를 만들면 어떻게 될까요? 그럼 뭔가 조금씩 바뀌지 않을까요?"

'죄 없이 감옥에 갇힌 사람들'이라는 제목으로 쓴 피터의 이 글은 당시 많은 사람들에게 큰 영향을 미쳤어요.

"피터의 말이 옳다."

"그의 말처럼 우리가 모두 힘을 합하면 죄 없이 감옥에 갇힌 사람들을 구할 수 있을 거야."

이렇게 해서 1961년 5월 28일, 마침내 '국제사면위원회(앰네스티)'가 탄생했어요. 앰네스티는 인권 침해에 대항하기 위해 만들어진 국제적인 기구예요. 특히 종교의 자유에 대한 탄압과 정치범의 석방을 위해 노력하는 기구이지요. 정치범이란 자신의 신념이나 사상을 주장하다가 감옥에 갇힌 사람을 말해요. 피터가 만든 앰네스티는 현재 세계에서 가장 영향력 있는 인권 단체로 성장했어요.

앰네스티를 통해 피터는 포르투갈 정부가 자유를 위하여 건배를 했다는 이유만으로 학생들에게 7년형을 구형했다는 것을 세상에 알렸어요. 그러자 세계 곳곳에서 포르투갈 정부에 대한 비난이 쏟아졌어요.

"포르투갈 정부는 죄 없는 학생들을 풀어 주라!"

세계 여러 나라 신문에서는 이 사건을 크게 다루었어요. 포르투갈 정부도 세계의 여론을 그냥 무시할 수는 없었어요. 얼마 후, 포르투갈 정부는 자유를 위해 건배했던 학생들을 그냥 풀어 주었답니다.

이 일은 앰네스티가 한 일의 아주 작은 부분에 불과해요. 그 후 앰네스티는 죄 없이 감옥에 갇혀 있던 사람들을 수없이 많이 구해 냈어요. 또 정치범들이 공정한 재판을 받을 수 있도록 노력하고, 고문이나 사형 같은 제도를 없애기 위해 힘쓰고 있어요. 그 한가운데에 피터 베넨슨이 있었지요. 그는 기회가 있을 때마다 앰네스티에 대해 이렇게 말을 했어요.

"앰네스티는 특별한 사람들이 가입하는 단체가 아닙니다. 어느 누구에게나 앰네스티는 열려 있습니다. 인권을 지키기 위한 운동은 특별한 지식이 필요 없습니다. 다만 필요한 것은 어려움에 처한 남을 생각할 줄 아는 마음뿐입니다."

★ 피터 베넨슨의 생애

'국제사면위원회(앰네스티)'를 만든 피터 베넨슨은 1921년 7월 31일 런던에서 태어났어요. 러시아계 유대인 은행가의 집안에서 태어난 그는 어려서부터 사회문제에 많은 관심을 보였지요. 그는 열여섯 살 때 에스파냐 구조위원회의 회원으로 에스파냐 내전 때문에 부모를 잃은 아이들을 도와주는 일을 했어요.

그 후 옥스퍼드 대학에 들어가 역사를 공부하고, 제2차 세계 대전 때 정보장교로 전쟁에 참가했다가 제대한 뒤 변호사 시험에 합격했어요. 변호사 일을 하면서부터는 노동 법률가 협회 회원으로 활동하면서 헝가리와 남아프리카 등의 인권 운동에 앞장섰지요. 그러다 1961년 그의 나이 마흔 살 때 포르투갈 리스본의 한 카페에서 2명의 젊은이가 자유를 위하여 건배했다는 이유만으로 감옥에 갇혔다는 사건을 알게 되었어요. 그는 곧 영국의 대표 잡지인 〈업저버〉에 '죄 없이 감옥에 갇힌 사람들'이라는 제목의 기고문을 보냈어요. 그는 곧 그 학생들을 위해 국제적인 석방 운동을 벌일 것을 제안했고, 이때부터 바로 국제사면위원회 운동이 본격적으로 시작된 거예요.

원래 앰네스티는 1년 동안만 활동하기로 한 모임이었다고 해요. 그러나 시간이 지나면서 앰네스티는 점점 더 큰 기구로 성장했어요. 지금은

and the Social equality

세계적으로 180만 명의 회원과 지지자를 둔 세계 최대 인권 단체가 되었지요. 앰네스티가 처음으로 사용한 '양심수'라는 단어는 이제 어느 나라에서나 사용하고 있어요. 양심수란 죄 없이 감옥에 갇힌 사람들이라는 뜻이에요. 또한 철조망이 둘러쳐진 양초의 모습을 한 앰네스티를 상징하는 그림은 전 세계 양심수들에게 큰 힘을 주고 있어요. 1977년에는 앰네스티 전체가 노벨 평화상을 받았어요. 그리고 1978년에는 국제연합 인권상도 받았답니다.

현재 앰네스티는 전 세계 162개국에 지부가 설치되어 있어요. 우리나라에도 앰네스티 한국 지부가 있어요. 1972년에 처음 만들어진 한국 앰네스티에서는 약 3,000여 명의 회원들이 활동하고 있다고 해요.

피터 베넨슨은 2005년 여든세 살의 나이로 영국 런던 서부 옥스퍼드의 한 병원에서 폐렴으로 숨지기 전까지 인권 및 국제 봉사활동에 온 힘을 쏟았답니다.

국가 간에도 지켜야 할 법이 있다고요?

　국가 간에도 서로 지켜야 하는 법이 있어요. 이것을 국제법이라고 해요. 국제법에는 서로 이렇게 하자고 약속을 한 '조약'과, 여러 국가들이 오래전부터 해 오던 '국제관습법'이 있어요. 조약은 그 조약을 체결한 나라들끼리만 지키면 돼요. 조약을 체결하지 않은 나라는 그 조약을 지켜야 할 의무가 없지요.

　20세기에 들어서 두 차례나 세계 대전을 치렀어요. 그러자 여러 나라에서는 전쟁을 피하고 평화를 위한 국제법이 필요하다고 생각했지요. 또 국가와 국가 사이에서 분쟁을 조절해 주는 국제기구가 필요하다는 것도 알게 되었어요. 그래서 탄생한 것이 바로 '국제연맹', '국제연합'이라는 범세계적인 국제기구예요.

　21세기에 들어서는 지구촌이나 세계 공동체와 같은 말을 점점 더 자주 사용하고 있어요. 그만큼 국가와 국가 간의 교류도 많아졌고, 서로 협력해서 해결해야 할 문제들도 더욱 많아졌지요. 이에 따라 국제법의 중요성도 점점 더 강조되고 있답니다.

　하지만 국제법에는 큰 약점이 있어요. 바로 강제력이 없다는 것이죠. 예를 들어 '도쿄 협약'이라는 조약이 있어요. 도쿄 협약은 세계 여러 나라가 지구 온난화 방지를 위해 온실 가스 배출량을 줄이자고 약속한 조약이에요. 미국도 이 조약에 동의했지요. 그런데 미국은 자기들 마음대로 도쿄 협약 회원국에서 탈퇴했어요. 그리고 다시 온실 가스를 자기들 마음대로 배출하고 있지요. 국제법은 이처럼 조약을 어긴 국가에게 확실하게 제재를 가하지 못한다는 약점이 있답니다.

여러 가지 국제기구들

두 번의 세계 대전을 치르고 난 뒤 각 나라에서는 국제 문제를 효과적으로 해결하기 위해 국제연합(UN)이라는 세계적인 국제기구를 만들었어요.

국제연합은 전 세계의 거의 모든 나라들이 가입하고 있어요. 국제연합의 대표적인 기구로는 국제연합의 모든 활동을 논의하는 유엔총회, 국제 평화와 안전을 관리하는 안전보장이사회 등이 있어요. 그 외에 국제연합 안에는 수많은 전문 기구가 있어요. 국제사법재판소, 유네스코, 국제보건기구, 국제식량기구, 국제평화유지군 등이 바로 국제연합에 포함되어 있는 기구예요. 이중 국제평화유지군은 일종의 국제 경찰 같은 군대예요. 국제평화유지군은 분쟁이 일어난 지역에 주둔하면서 그 지역에 평화를 정착시키는 데 큰 역할을 하고 있지요.

지역적 국제기구로는 북대서양 연안에 있는 나라들이 만든 나토(NATO, 북대서양 조약기구), 유럽의 나라들이 만든 유럽연맹(EU) 등이 있지요.

우리나라 법조계의 큰 기둥

이인

愛山 李仁

1920년대는 우리나라가 일제의 지배를 받고 있었어요. 이때에는 모든 권력을 일본 사람들이 쥐고 있었지요. 법관이나 판사, 검사들도 거의 일본 사람들 뿐이었어요. 이 때문에 그때의 재판은 공정하지가 못했어요. 법에 따라 옳고 그름이 가려지는 것이 아니라 일제에 협조했느냐 아니냐에 따라 판결이 내려졌으니까요. 하지만 우리 국민들은 억울한 일을 당해도 하소연할 곳이 없었어요. 이인이 법률 공부를 하겠다고 마음먹은 것도 바로 이런 이유 때문이었어요.

"억울하게 당하기만 하는 우리 국민들을 도우려면 법을 공부해야 해!"

그때에는 모든 것이 일본 중심으로 되어 있었기 때문에 변호사가 되기 위해서는 일본으로 가서 변호사 시험을 봐야 했어요. 이인은 일본인들에게 법을 배운다는 것이 내키지 않았어요. 그래서 몇 날 며칠을 고민했어요. 그러다 마침내 결심을 했지요.

'그래! 호랑이를 잡으려면 호랑이 굴로 들어가야 해. 일본으로 가서 법을 배우자. 그리고 우리나라 국민들의 억울함을 풀어 주는 변호사가 되자.'

이인이 변호사가 되어 우리나라에 돌아왔을 때에도 일제의 횡포는 여전했어요. 재판은 법에 따라 이루어지지 않았고, 형량도 판사 마음대로였어요. 형량이란 죄인이 감옥에 갇혀 있는 기간을 가리키는 말이에요. 일제에 협력하겠다고 하는 사람은 형량을 가볍게 했어요. 반대로 일제에 협력하지 않겠다고 하는 사람은 형량을 무겁게 했지요. 특히 독립운동을 하다 잡혀 온 사람들에게는 어마어마하게 무거운 형벌을 내렸답니다.

그러던 어느 날 '형평사' 사건이 터졌어요. 형평사는 사회의 여러 가지 차별을 막아 보자고 만든 모임이었어요. 형평사 회원들은 특히 나라의 독립을 위해 애를 썼어요. 뒤늦게 이 사실을 알게 된 일본 경찰은 630명이나 되는 형평사 회원들을 모두 잡아들였어요.

"이보게, 이인. 자네 형평사 소식 들었나?"

동료 변호사 몇 명이 이인에게 형평사 사건에 관해 자세하게 들려주었어요. 형평사 사건으로 잡혀 간 사람들은 아무 죄도 없이 모진 고문을 받고 있었어요. 이인은 자리에서 벌떡 일어났어요.

"죄 없이 잡혀 간 우리 동포들을 이대로 내버려둘 수는 없어."

이인은 돈을 한 푼도 받지 않고 무료로 형평사 회원들의 변호를 맡겠다고 나섰어요.

이인은 630명이나 되는 사람들의 형사 기록을 모두 꼼꼼하게 조사하기 시작했어요. 그러다 이상한 점을 발견했지요. 보통 형사 기록은 하루에 몇십 장 정도 작성하는 게 보통이에요. 그런데 형평사 사건의 형사 기록은 모두 한 날짜에 작성되어 있었어요. 게다가 여기저기에 일본 경찰 마음대로 고친 흔적이 남아 있었지요. 이인은 형평사 회원들에 대한 재판을 하고 있는 재판장으로 갔어요.

"이 사건은 여기서 그만……."

일본인 검사와 판사는 서둘러서 형평사 사건을 마무리 지으려고 했어요. 바로 그때 이인이 자리에서 벌떡 일어났어요.

"재판장님!"

재판장에 있던 모든 사람들이 이인을 바라봤어요.

"이 사건으로 전국 방방곡곡에서 피고인들이 잡혀 왔습니다. 그런데 이 조서가 어떻게 모두 같은 날 작성되었을까요? 그리고 여기저기 고친 이 흔적은 또 무엇일까요?"

이인은 확신에 찬 표정으로 자리에서 걸어 나와 자료를 재판장에게 넘겼어요. 그리고 모든 방청객들이 들을 수 있도록 쩌렁쩌렁한 목소리로 외쳤어요.

"이 사건은 일본 경찰이 조작한 사건이 확실합니다. 저는 형평사 회원들 모두 무죄라고 확신합니다!"

일본인 판사들도 이인이 제출한 자료를 보고 혀를 내둘렀어요. 증거가 너무 확실했거든요. 결국 재판부는 어쩔 수 없이 630명 모든 피고에게 무죄를 선고했어요.

일제 강점기에는 이와 비슷한 사건들이 줄을 이었어요. 그때마다 이인은 아무런 잘못도 없이 억울한 일을 당한 우리나라 사람들을 위해 변호를 맡았어요. 때로는 이인 자신이 일제에 저항한다는 이유 때문에 감옥에 갇히는 일도 있었어요. 하지만 이인은 조금도 뜻을 굽히지 않고 일제에 맞서 싸웠어요. 해방이 된 이후에도 이인은 우리나라에 올바른 법을 세우기 위해 끊임없이 노력했답니다.

★ 이인의 생애

이인은 1896년에 대구에서 태어났어요. 1923년 변호사 시험에 합격한 후 일제에 맞서 법정에서 항일 운동을 했지요. 또한 억울하게 잡혀 온 수많은 독립운동가들을 구하기 위해 무료로 변호를 맡았어요. 이인은 법정에서 변론을 하면서 기회만 있으면 일제의 잘못을 끄집어내었어요. 또한 이인은 우리말에도 관심이 많아 우리말 사전을 만드는 일을 하던 조선어학회에서도 활동을 했어요. 이 일로 그는 4년 간 감옥 생활을 하기도 했지요.

1945년 8·15 광복이 되고 일본인들이 물러간 후 이인은 대법관이 되어 법전 출판 위원회를 만들었어요. 법전을 만드는 일은 매우 어렵고 복잡한 일이라 많은 시간이 걸렸어요. 그러는 사이에 6·25 전쟁이 터졌지요. 이인은 법전을 만들 서류를 피난 보따리에 넣었어요. 그러고는 피난지에서도 밤낮으로 법전을 만들 서류를 검토했다고 해요. 그렇게 해서 마침내 우리나라 최초로 근대적인 법전을 만들었지요. 이것은 법률가로서의 투철한 사명감이 없다면 도저히 할 수 없는 일이었어요.

전쟁이 끝나고 대한민국 정부가 세워지자 이인은 일본에게 손해배상을 청구할 것을 주장하였어요. 그리하여 이인을 중심으로 한 배상 위원회가 만들어졌지요. 일본에게 배상을 받아야 하는 돈은 정말 어마어마했어

요. 일본이 우리나라에서 훔쳐 간 금과 돈, 각종 예금, 보험 등을 모두 합해 보니 무려 80억 달러가 넘었어요. 거기다가 전쟁에 억지로 끌려간 사람들의 보상까지 합하면 그 액수는 정말 계산하기도 힘들었지요. 또한 이인은 '반민족행위 특별조사 위원회'의 위원장을 맡아 일제에 협력한 사람들을 법정에 세웠어요.

    이인의 이런 업적을 기리기 위해 나라에서는 1964년에는 건국훈장 독립장, 1969년에는 무궁화 국민훈장 등을 주었어요. 1979년, 이인은 죽기 전에 자신의 모든 재산을 한글학회에 기증했어요. 그 돈은 오늘날 한글 회관을 세우는 데 밑거름이 되었지요. 이인은 어려웠던 시절 우리나라 법조계를 떠받치고 있던 커다란 기둥이었답니다.

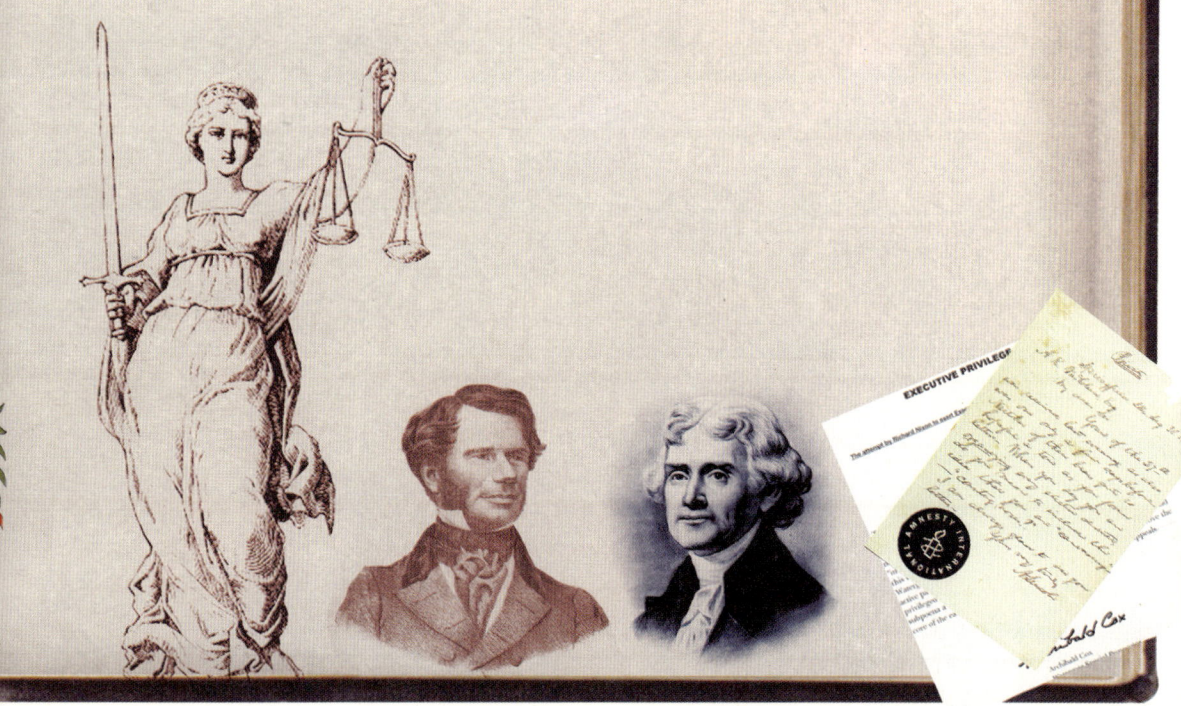

판사가 하는 일

　판사가 주로 하는 일은 검사와 변호사의 말을 듣고 판결을 내리는 일이에요. 형사 사건의 경우 피고인에게 죄가 있다고 판결이 내려지면 벌의 양을 정해야 해요. 가벼운 벌금형에서부터 사형까지 결정을 내릴 수 있는 사람이 바로 판사예요. 이렇듯 중요한 일을 하기 때문에 판사는 신분이 보장되어 있어요.

　재판은 보통 판사 혼자 하는 경우도 있고, 세 명의 판사가 함께 하는 경우도 있어요. 판사는 대법원, 고등법원, 가정법원, 지방법원 등에서 일을 해요. 판사 중에서 가장 높은 위치에 오른 사람을 가리켜 대법원장이라고 해요.

　판사가 되려면 세 번에 걸쳐 어려운 사법고시를 통과해야 해요. 그러고 나서 2년 동안 사법 연수원에서 연수를 받아야 한답니다.

검사가 하는 일

　검사가 되려면 먼저 사법고시에 합격해서 사법 연수를 받아야 해요. 사법 연수까지 받은 검사는 검찰청에서 일을 해요. 검찰청의 종류에는 대검찰청, 고등검찰청, 지방검찰청 등 세 가지가 있어요. 대검찰청은 서울에 있고, 고등검찰청은 서울, 부산, 대구, 광주, 대전 다섯 곳에 있어요. 그리고 지방검찰청은 서울을 비롯해서 지방법원과 가정법원이 있는 곳에 있지요.

검사는 범죄를 저지른 피고인을 재판에 세우는 일을 해요. 이때 피고인이 범죄 사실을 솔직하게 대답하면 아무 문제가 될 게 없어요. 하지만 피고인이 묵비권을 행사하거나 거짓말을 하면 범죄 사실을 증명하기가 힘들어져요. 검사는 이럴 때를 대비해서 사건에 필요한 모든 증거를 제출해야 해요. 피고가 범죄에 사용한 무기 등을 재판장에게 직접 보여 주기도 하고, 증인을 불러 사건에 대한 증언을 듣기도 하지요.

변호사가 하는 일

변호사는 사건에 관련된 사람들에게 법의 도움을 주는 사람이에요. 변호사는 재판장에 서서 피고가 무죄라는 사실을 밝히기 위해 열띤 목소리로 재판장을 설득하지요.

변호사는 자기가 가지고 있는 전문적인 법 지식을 이용해서 여러 가지 일을 처리해요. 예를 들어 의뢰인을 대신해서 계약서를 쓰기도 하고, 가정 문제를 처리해 주기도 하고, 복잡한 세금 문제 등을 상담해 주기도 한답니다.

소비자들의 대통령
랠프 네이더

1960년대 미국에 랠프 네이더라는 젊은 변호사가 있었어요. 어느 날, 그에게 한 사람이 찾아와서 변호를 맡아 달라며 이렇게 말했어요.

"저는 분명히 잘못한 게 없는데, 자동차가 제멋대로 움직여서 그만 사고가 나고 말았어요."

그때만 해도 교통사고가 나면 사람들은 당연히 운전자가 잘못을 해서 사고가 난 거라고 생각했어요. 그래서 사람들은 자동차 사고가 나면 당연히 자기 잘못이라고 생각했어요. 자동차 회사가 잘못했다고 생각하는 사람은 거의 없었지요. 또 그런 의뢰가 들어와도 누구도 그 사람의 변호를 맡으려 하지 않았어요.

하지만 랠프 네이더는 달랐어요. 그는 우선 자동차 사고가 어떻게 해서 일어났는지를 살펴봤어요. 도로에 새겨져 있는 바퀴 자국에서부터 자동차 안까지 샅샅이 조사하기 시작했지요.

'음, 정말 이상한 일이야. 자동차 어딘가에 이상이 있는 게 분명해.'

그러던 어느 날, 그는 중요한 사실을 밝혀냈어요. 자동차 사고가 운전자의 실수 때문이 아니라 자동차가 잘못 만들어져 일어날 수도 있다는 것을 알게 된 것이죠.

그는 당장 문제의 자동차를 만든 제너럴 모터스사를 법정에 고소했어요. 제너럴 모터스사는 세계에서 가장 큰 자동차 회사예요. 사람들은 이 소식을 듣고 모두 깜짝 놀랐어요. 그중에서도 가장 놀란 사람들은 바로 제너럴 모터스사의 사람들이었지요.

'감히 젊은 애송이 변호사가 우리 회사를 고소하다니!'

그들은 랠프 네이더에게 전화를 걸었어요.

"이보쇼, 애송이 변호사 양반! 좋은 말로 할 때 소송을 그만두시지. 만약 그만두지 않으면 좋지 않은 일을 겪게 될 거요."

랠프 네이더는 조금 겁이 났어요.

'아무런 힘도 없는 내가 정말 세계에서 제일 큰 자동차 회사를 상대로 이길 수 있을까? 저쪽에서는 유능하고 힘 있는 변호사들을 내세울 텐데……'

하지만 그는 곧 마음을 다시 고쳐먹었어요.

'질 때 지더라도 이대로 물러날 수는 없어. 내가 조사한 바에 따르면 분명히 자동차에 문제가 있어. 다른 소비자들을 위해서라도 내가 그 원인을 밝혀내야 해. 그리고 제너럴 모터스사의 잘못된 생각을 고쳐 줘야 해.'

제너럴 모터스사는 랠프 네이더를 협박하기도 하고, 좋은 조건을 제시하면서 마음을 돌리게 하려고도 하는 등 갖가지 방법을 동원했어요. 하지만 랠프 네이더의 마음은 흔들리지 않았어요.

마침내 재판 날짜가 다가왔어요. 미국의 언론들은 이 재판에 많은 관심을 가지고 있었어요. 처음으로 소비자가 자동차 회사를 상대로 벌이는 재판이었기 때문이었지요.

제너럴 모터스사의 변호인들은 자동차 운전자의 잘못 때문에 일어난 사건이라는 것을 강조했어요. 방청객들도 모두 고개를 끄덕일 정도로 설득력이 있는 변론이었지요.

잠시 후, 랠프 네이더는 숨을 한번 크게 고른 후 자리에서 일어났어요. 방청객들은 모두 그를 쳐다봤어요. 이윽고 랠프 네이더가 입을 열었어요.

"소비자들은 좋은 제품을 쓸 권리가 있습니다. 자동차를 산 소비자들도 마찬가지입니다. 자동차에 문제가 있어서 사건이 일어났다면 당연히 자동차 회사가 이를 보상해 주어야 합니다."

랠프 네이더는 그동안 조사한 자료를 바탕으로 자동차에 어떤 결함이 있는지를 밝혔어요. 그가 조사한 자료가 얼마나 정확했던지 제너럴 모터스사의 변호인들도 고개를 설레설레 저을 정도였지요.

재판은 여러 차례 계속되었지만 결국 랠프 네이더의 승리로 끝이 났어요. 그리고 그는 자동차 회사와 정부를 상대로 안전한 자동차를 만들어 달라고 끊임없이 요구했지요. 이렇게 해서 결국 '자동차 안전법안'이라는 새로운 법이 만들어졌어요. 현재 미국의 자동차 회사에서는 자동차를 만들 때 꼭 '자동차 안전법안'에 따라 자동차를 만들고 있어요. 만약 이를 어겼을 때는 소비자들에게 보상을 해 주어야만 하지요.

이 사건으로 랠프 네이더는 '소비자들의 대통령'이라는 별명을 얻었어요. 그는 이후에도 소비자의 권리를 지키는 일이라면 무엇이든 발 벗고 나섰답니다. 그는 점점 더 범위를 넓혀 환경, 비폭력 등의 문제에도 관심을 갖게 되었어요. 이 모든 것이 소비자, 곧 시민들이 건강하게 자신의 권리를 지키며 살 수 있도록 하려는 랠프 네이더의 노력이랍니다.

★ 랠프 네이더의 생애

 랠프 네이더는 레바논계 미국인으로 하버드 대학 법대를 졸업하고 시민운동가로 1960년대부터 소비자 운동을 시작했어요. 서른한 살 때 그는 세계 최대의 자동차 회사인 제너럴 모터스사가 만든 자동차들이 안전하지 않다고 소송을 걸었어요. 제너럴 모터스사에서는 그의 입을 막기 위해 여러 가지 나쁜 방법을 썼어요. 하지만 그는 결국 제너럴 모터스사를 법정에 세웠어요. 그리고 소송에서 이겨 '자동차 안전법안'이라는 법을 만들게 했지요.

 이후 랠프 네이더는 소비자를 보호하는 변호사로 이름을 널리 알렸어요. 그래서 '소비자들의 대통령'이라는 별명도 함께 얻게 되었지요. 또한 랠프 네이더는 환경 문제에 관심을 가지고 지구 환경을 파괴하는 여러 기업을 법정에 세웠어요. 그리고 법적으로 어떤 문제가 있는지를 가려내 환경을 파괴하는 일을 못 하도록 했지요.

 미국 사람들은 랠프 네이더를 시민운동의 대부라고 불렀어요. 그는 생태계 문제, 사회 문제 등 다양한 분야에서 잘못된 점을 지적해 왔어요. 세계적인 컴퓨터 회사인 마이크로소프트 회사를 법정에 세우기도 했지요. 심지어 방송의 문제점도 그는 그냥 지나치지 않았어요. 그에게는 소비자들의 권리를 지키는 것이 무엇보다 중요했어요. 랠프 네이더의 소비자 운동에

골머리를 앓는 대기업들은 그를 가리켜 '독재자', '위선자', '자본주의의 파괴자'라고 비난을 퍼붓기도 했어요. 하지만 랠프 네이더의 소비자 보호 운동은 지금도 계속되고 있어요.

그는 1992년에는 무소속으로, 1996년에는 녹색당 후보로 대통령 선거에 출마한 적도 있어요. 하지만 그가 대통령 선거에 출마한 것은 대통령이 되기 위해서가 아니었어요. 좀 더 많은 사람들에게 소비자 운동을 알리기 위해서였지요. 현재 랠프 네이더는 약 40여 개의 시민운동 단체에서 지도자 역할을 맡고 있답니다.

소비자보호법

우리나라에도 1979년에 처음 소비자보호법이 생겼어요. 소비자란 돈을 주고 무언가를 사서 소비 생활을 하는 사람을 가리키는 말이에요. 소비자보호법은 말 그대로 소비자를 보호하기 위해서 생겨난 거예요.

가게에서 음료수나 과자를 사 먹다가 이상한 물질을 발견한 적은 없었나요? 또 잘못 만들어진 장난감 때문에 손을 다치거나 한 적은 없었어요? 이런 일이 있을 땐 어떻게 하는 게 좋을지 한번 생각해 보세요. 일단 가게로 가서 과자나 음료수를 다른 새 것으로 바꿔 달라고 할 수 있어요. 또 장난감 때문에 손을 다쳤을 경우엔 장난감을 만든 회사에 연락을 해서 치료비를 보상받을 수도 있지요. 이런 것들이 바로 소비자의 권리예요. 만약 가게 주인이 이를 거부할 경우에는 소비자보호센터에 전화를 해서 소비자의 권리를 찾아야 해요. 소비자의 권리는 크게 여덟 가지로 정하고 있는데 이건 모두 법에 정해진 것이에요.

✱ 소비자의 권리
1. 안전할 권리
2. 알 권리
3. 선택할 권리

4. 의견을 반영할 권리
5. 피해보상을 받을 권리
6. 소비자 교육을 받을 권리
7. 단체를 조직하고 활동할 권리
8. 쾌적한 환경을 누릴 권리

어때요? 소비자의 권리가 한눈에 보이나요? 이렇게 꼼꼼히 알고 있다면 어디에서든 소비자로서 당당하게 권리를 행사할 수 있겠지요.

영수증은 왜 꼭 챙겨야 할까?

물건을 살 때 반드시 받아야 할 것이 영수증이에요. 법에 따르면 아무리 조그만 물건이라도 영수증을 주고받도록 되어 있어요. 영수증은 물건을 판 사람과 산 사람이 계약을 맺었음을 증명하는 일종의 서류예요. 특히 산 물건을 바꾸거나 돈으로 돌려받을 때에 아주 중요한 증거가 되지요. 영수증도 없이 말로만 물건을 돈으로 돌려달라고 하면 그 물건을 그곳에서 샀다는 증거가 없기 때문에 돈을 돌려받기가 어려워요.

국민 모두가 영수증을 주고받으면 나라의 살림도 튼튼해져요. 나라에서는 영수증을 통해 물건값에 포함된 세금을 걷기 때문이지요.

국민의, 국민에 의한, 국민을 위한 정부
링컨

Abraham Lincoln

"우리의 독립 선언서에서는 모든 사람은 자유롭고 평등하게 태어났다고 말하고 있습니다. 하지만 흑인들은 그런 권리가 없습니다. 대법원에서는 흑인들은 '열등 인종'이라고 명백하게 판결을 내렸습니다. 링컨은 존경받는 법률가입니다. 그런데 링컨이 대법원의 판결에 따르지 않고 노예 해방을 주장하고 있습니다. 여러분! 링컨은 두 얼굴을 가진 사람입니다."

노예 해방에 반대하는 더글라스의 연설이 끝났어요. 그러자 사람들의 시선은 일제히 묵묵히 자리에 앉아 있는 링컨에게 쏠렸어요.

당시 미국에서는 노예 제도에 대한 논란이 뜨거웠어요. 북쪽에 사는 사람들은 "노예를 해방시켜야 한다."고 주장했고, 남쪽에 사는 사람들은 "흑인은 인간으로서의 권리가 없다."라고 주장했지요.

링컨은 대통령이 되기 전에는 유명한 변호사였어요. 그는 법률에 대한 모든 것을 혼자 공부했어요. 법률에 대해서라면 모르는 것이 거의 없었지요. 그러나 그는 책을 통해 배운 법률 지식보다는 정의를 위해 싸울 수 있는 정의감을 더 중요하게 생각했어요.

링컨이 자리에서 일어나 연단 앞에 섰어요. 그리고 미소를 띠며 청중들을 둘러봤어요.

"여러분! 제가 두 얼굴을 가진 사람이라면 이처럼 중요한 자리에 이렇게 못생긴 얼굴로 나왔겠습니까?"

링컨의 말에 사람들은 배꼽을 잡고 하하하 웃었어요. 잔뜩 굳어 있던 사람들의 얼굴에도 미소가 번졌지요.

"여러분, 저는 법률가로서 대법원의 판결을 따르지 않겠다고 하는 게 아닙니다. 다만 인간은 신이 아니기 때문에 잘못된 결정을 내릴 수도 있다는 것을 말하려고 합니다. 대법원의 판사들은 모두 인간입니다. 게다가 대부분 남부의 특권 계층입니다."

시간이 갈수록 청중들은 링컨의 연설에 빠져들었어요. 링컨은 민주주의의 기초를 이루고 있는 미국의 이념이 지금 위기에 처해 있다고 목소리를 높여 주장했어요.

"우리의 민주주의가 위기에 처한 이유는 바로 노예 제도 때문입니다. 우리가 각기 다른 인종이라고 할지라도 자유의 의미까지 다를 수는 없습니다. 여러분, 노예 제도를 폐지해야 합니다!"

링컨의 연설이 끝나자 우레와 같은 박수 소리가 이어졌어요.

링컨은 미국의 제16대 대통령이 된 인물이에요. 미국 사람들이 가장 존경하는 대통령이기도 하고요. 하지만 링컨은 대통령이기 이전에 커다란 꿈을 품고 있던 변호사였어요. 그는 노예 제도를 폐지하고 노예를 해방시켜야 한다고 주장했어요. 그것이야 말로 미국 민주주의를 한 단계 발전시킬 수 있는 길이라고 생각했지요.

'법을 배운 사람으로서 노예 제도를 모른 척할 수는 없어. 모든 인간은 법 앞에서 평등해야 하는 거야.'

그는 변호사로 일하면서 자신의 꿈을 이루기 위해 여러 번 상원 의원 선거에 나섰어요. 그의 경쟁 상대는 남부 출신의 더글라스 후보였지요. 링컨은 그와 경쟁하며 여러 차례 공개 연설을 했지만 그때마다 떨어졌어요. 그때까지만 해도 많은 사람들이 링컨의 주장은 잘못되었다고 생각하고 있었거든요.

"노예 제도는 꼭 필요한 제도야."

"맞아! 법으로도 정해져 있잖아."

하지만 링컨은 포기하지 않았어요. 1861년 미국의 대통령이 된 링컨은 여러 법률가들과 의논했어요. 그리고 마침내 노예 제도에 관한 법을 고쳤어요. 그런 다음 링컨은 법에 따라 노예 해방 정책을 펼쳤지요. 먼저 북부에서 노예 제도를 없애고, 노예를 해방시켰어요.

남부 사람들은 끝까지 노예 제도 폐지에 반대했어요. 결국 링컨이 대통령이 된 바로 그해 남북전쟁이 일어났지요. 이 때문에 링컨을 욕하는 사람들도 많아졌어요.

"링컨이 괜한 고집을 피워서 남북전쟁이 일어난 거야. 법은 왜 바꿔서 이 난리야."

그렇지만 링컨은 정의는 언젠가 승리한다는 확신을 가지고 있었어요. 그는 1863년 11월 19일 게티즈버그 국립묘지 봉헌식에서 그 유명한 '게티즈버그 연설'을 했지요.

"……신의 가호 아래 이 나라는 새로운 자유의 탄생을 보게 될 것이며, 국민의, 국민에 의한, 국민을 위한 정부는 이 지상에서 결코 사라지지 않을 것입니다."

링컨의 이러한 노력에 힘입어 현재 미국은 여러 인종들이 함께 어울려 사는 민주주의 국가가 되었어요. 또한 링컨의 이 연설은 민주주의 이념을 가장 잘 담고 있는 연설로 지금도 많은 사람들의 입에 오르내리고 있지요.

★ 링컨의 생애

링컨은 미국의 제16대 대통령으로 노예를 해방시켰을 뿐만 아니라 남북 전쟁을 승리로 이끄는 등 수많은 업적을 남겼어요. 특히 '국민의, 국민에 의한, 국민을 위한 정부'라는 유명한 말을 남긴 대통령으로 널리 알려져 있지요.

하지만 링컨은 대통령 이전에 훌륭한 법률가였어요. 그는 1809년 켄터키에서 개척 농민의 아들로 태어났어요. 아홉 살 때 어머니를 여의고 농사와 잡일을 하며 컸지요. 그의 집안은 너무 가난해서 학교에 다닐 돈이 없었어요. 그래서 그는 초등학교밖에 못 나왔지요. 하지만 링컨은 책을 좋아해 혼자서도 열심히 공부했어요. 변호사가 되어 가난하고 어려운 사람을 돕는 것이 그의 꿈이었지요.

그는 1833년 친구와 함께 변호사 사무실을 차려 가난한 사람들을 위해 변론을 했어요. 이때 링컨은 돈을 너무 작게 받아 다른 변호사들을 깜짝 놀라게 했다고 해요. 가난한 사람에게는 아예 무료로 변호를 해 주기도 했다고 해요. 또한 그는 변호사 생활을 하는 내내 시골 마을을 돌아다니며 변호를 해 주기도 했어요.

링컨의 이런 변호사 생활은 10여 년 동안 계속되었어요. 그동안 링

and the social equality

컨은 많은 사람들의 어려움을 해결해 주었지요. 그러다 링컨은 노예 제도와 같은 민주주의 제도에 어긋나는 법을 고치기 위해서는 정치를 해야 한다는 생각을 하게 되었어요. 하지만 그 길은 순탄하지 않았어요. 여러 차례 낙선의 쓴 맛을 보았지요. 1838년 하원 의원 선거에서 낙선, 1840년 선거인단 선거에서 낙선, 1843년 하원 의원 선거에서 또 낙선, 1848년 또다시 하원 의원 선거에서 낙선, 1855년 상원 의원 선거에서 낙선, 1856년 상원 의원 선거에서 또 낙선, 그리고 1861년 마침내 대통령이 되었어요.

　이처럼 많은 실패를 겪으면서도 링컨은 자신의 꿈을 이루기 위해 도전하고 또 도전했어요. 그리고 결국 노예 제도라는 잘못된 법을 없애고, 민주주의의 진정한 이념이 무엇인지를 세상에 널리 알렸지요.

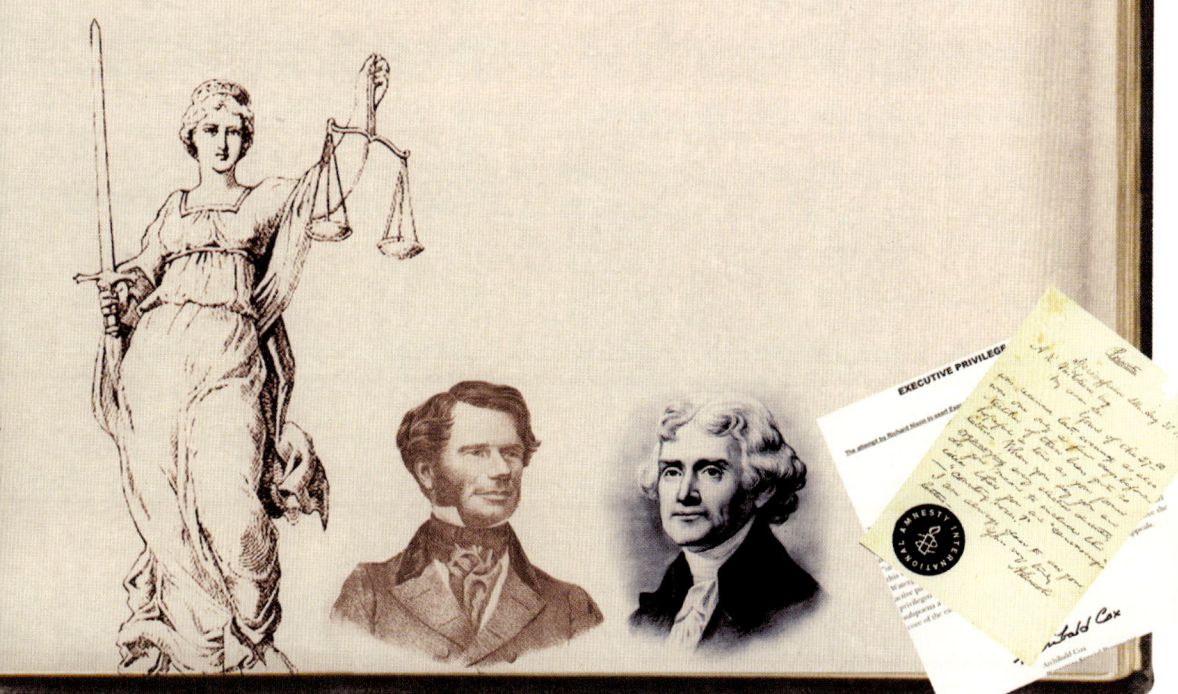

선거는 몇 살부터 할 수 있을까?

어린이나 어른이나 모두 대한민국의 국민이에요. 하지만 국민 모두가 투표에 참여할 수는 없어요. 우리나라에서는 만 19세가 되어야 투표를 할 수 있어요. 만 19세 정도는 되어야 정치에 참여할 수 있는 성인이라고 생각하기 때문이지요. 하지만 그 연령을 만 18세로 낮추자는 의견도 많아요. 미국, 독일, 프랑스는 투표를 할 수 있는 선거 연령을 만 18세로 정해 놓고 있어요. 반면에 일본과 튀니지 등은 만 20세로, 싱가포르나 파키스탄은 만 21세로 정해 놓았지요.

이런 선거, 저런 선거

우리나라에서 실시하는 선거 중에 가장 큰 대통령 선거는 5년마다 한 번씩 하는데, 국민이 직접 투표로 결정해요. 단 같은 사람이 두 번 대통령을 할 수 없게 법으로 정해져 있어요. 미국과 같은 나라는 대통령의 임기가 4년이고 같은 사람이 두 번 이상 대통령을 할 수 있어요.

국회의원 선거는 4년마다 한 번씩 열려요. 국회의원 선거 역시 국민이 직접 선거로 뽑아요. 국회의원들은 국민들을 대신하여 국회에서 법을 만들고, 행정부의 예산안을 통과시키고, 대통령과 행정부가 나라 일을 잘 하는지 감시하는 역할을 해요. 이런 일은 원래 국민들이 직접 해야 하는 일이에요. 하지만 현실적으로 그럴 수 없기 때문에 국회의원이 대표로 이와 같은 일을 대신 맡아서 하는 것이죠.

이 외에 지방 자치 선거와 보궐 선거가 있어요. 지방 자치 선거는 광역 자치 단체장, 광역 의회 의원, 기초 단체 단체장, 기초 의회 의원을 한꺼번에 뽑아요. 지방 자치 선거는 4년마다 한 번씩 치르고 있지요. 보궐 선거는 선거로 뽑힌 사람들이 사정이 있어 임기를 다 마치지 못했을 때, 나머지 임기 동안 일을 할 사람을 다시 뽑는 선거예요.

선거를 할 때 이것만은 꼭!

우리나라에서는 공정한 선거를 위해 4가지 원칙을 정해 놓았어요. 보통 선거, 평등 선거, 직접 선거, 비밀 선거가 바로 그것이지요.

보통 선거란 만 19세 이상인 국민은 누구나 선거권을 가진다는 원칙이에요. 평등 선거는 한 사람이 한 표씩만 투표해야 한다는 원칙이지요. 직접 선거는 국민이 직접 후보자를 뽑는다는 원칙이에요. 국민이 선거인단을 뽑고, 그 선거인단이 대표자를 뽑는 방식을 간접 선거라고 하지요. 그리고 비밀 선거는 투표자가 어떤 사람을 뽑았는지 다른 사람이 모르게 하자는 원칙이에요.

사형 제도를 폐지하라
베카리아

Cesare_Beccaria

"죄인을 단두대로 보내라!"

1760년 이탈리아에서는 많은 사람들이 단두대에서 처형을 당했어요. 사형을 선고받은 죄인들은 넓은 광장에 마련되어 있는 처형장으로 걸어 나와야 했어요. 손은 뒤로 꽁꽁 묶인 채 머리에는 검은 두건을 쓰고 있었지요. 당시 사람들은 처형 장면을 직접 지켜볼 수 있었어요. 많은 법률가들은 사람들이 보는 앞에서 사형을 집행하는 것이 옳다고 믿고 있었어요. 처형 장면을 직접 봐야 똑같은 범죄를 저지르지 않을 거라고 생각했던 것이죠. 다른 사람들도 법률가들의 생각과 다르지 않았어요. 그래서 죄인이 처형된다는 소식이 전해지면 처형장은 항상 사람들로 북적거렸답니다.

"여러분! 제 말 좀 들어 보십시오."

사형이 집행되기 직전, 한 청년이 갑자기 사형장 앞으로 나와 큰 소리로 말했어요. 사형 집행이 시작되기를 숨죽여 기다리고 있던 사람들의 시선이 일제히 그 청년에게로 쏠렸지요.

"사람이 사람을 처형하는 사형 제도는 없어져야 합니다. 도대체 어떤 인간에게 다른 인간을 죽일 권리가 있습니까?"

청년은 심호흡을 크게 한번 하고 나서 판사와 검사를 향해 손가락질을 했어요.

"저 판사와 검사에게 그런 권한이 있다고 생각하십니까? 여러분! 인간은 다른 사람의 생명에 대해 아무런 권리도 가지고 있지 않습니다!"

사형을 집행하기 위해 나와 있던 판사와 검사의 얼굴이 새빨갛게 달아올랐어요.

"저……저 놈을 당장 끌어내라!"

경찰들은 청년을 끌고 나갔어요. 하지만 청년은 끌려 나가면서도 사람들을 향해 고래고래 소리를 질렀어요.

"사형 제도는 반드시 없어져야 합니다!"

이 청년이 바로 베카리아예요. 베카리아는 세계 최초로 사형 제도를 없애자고 주장한 사람이지요. 당시 유럽의 종교는 부패할 대로 부패해 있었어요. 교황이나 추기경들의 말 한마디로 사형이 집행되기도 했지요. 법보다 종교가 우선인 시대였어요. 베카리아는 불과 스물여섯 살의 젊은 나이에 법학 박사 학위를 받고 밀라노 대학의 법학 교수가 되었어요. 그는 법률을 공부하면서 사형 제도가 잘못된 제도라는 것을 확신했지요.

'아무래도 사형장에서 사형 제도를 없애라고 고래고래 소리를 지르는 것은 별 효과가 없는 것 같아……'

사형장에서 소란을 피우다 끌려 나온 베카리아는 깊은 생각에 빠졌어요. 그러다 그는 좋은 생각을 해냈어요.

"그래! 내 생각을 책으로 쓰는 거야. 그럼 좀 더 많은 사람들에게 내 생각을 알릴 수 있어."

이렇게 해서 베카리아는 자신의 생각을 담은 ≪범죄와 형벌≫이라는 책을 출판했어요. 이 책은 출판되자마자 불티가 나게 팔렸지요.

"자네 요즘 베카리아의 범죄와 형벌이라는 책을 읽어 봤나?"

"당연하지. 베카리아의 생각에도 일리가 있어. 사형을 선고하는 판사도 인간인지라 언제든 잘못된 판결을 내릴 수 있잖아. 실제로 잘못 내려진 판결 때문에 억울하게 죽은 사람들도 많았고. 하지만 사형을 집행하고 난 후에는 판결이 잘못되었다는 것이 밝혀져도 아무 소용이 없지."

1766년 베카리아의 ≪범죄와 형벌≫이 프랑스어로 번역되어 나오자 유럽의 지식인들은 베카리아의 주장에 머리를 끄덕였어요. 철학자 볼테르는 이 책을 가리켜 '인간이 인간을 위해 쓸 수 있는 최고의 책'이라고 극찬을 했지요. 베카리아는 자신의 책을 읽은 종교 지도자들과 법률가들을 찾아다니며 열심히 자신의 생각을 전했어요.

"죄를 지은 사람들은 종교가 아니라 법에 따라 처벌해야 합니다. 작은 죄를 지은 사람은 작은 벌을 받고, 큰 죄를 지은 사람은 큰 벌을 받아야 하지요. 하지만 죄를 뉘우칠 기회마저 주지 않는 사형 제도는 폐지해야 합니다."

처음에는 베카리아의 주장에 신경을 쓰지 않던 사람들도 차츰 마음을 돌리기 시작했어요.

"그래, 베카리아의 말이 옳아. 사형 제도는 잘못된 제도야."

베카리아는 평생 사형 제도를 폐지하기 위해 많은 노력을 했어요. 베카리아의 주장은 시간이 지날수록 많은 사람들의 공감을 얻었어요. 독일과 프랑스 같은 나라에서는 베카리아의 주장에 따라 가장 먼저 사형 제도를 폐지했답니다.

★ 베카리아의 생애

베카리아는 이탈리아 밀라노의 귀족 집안에서 태어났어요. 그는 어려서부터 남달리 머리가 똑똑했어요. 1758년 불과 스무 살의 나이로 파비아 대학에서 법학 박사 학위를 받았지요. 그리고 1769년에는 밀라노 대학의 법률학 교수가 되어 학생들에게 법을 가르쳤어요.

베카리아가 활동하던 시기는 계몽주의가 유행하던 시대예요. 계몽주의는 아무것도 모르고 있는 사람들에게 어떻게 살아야 하는지를 가르쳐 줘야 한다는 사상이에요. 베카리아도 법률가로서 계몽주의 사상에 많은 영향을 받았어요. 그는 법에 대해 아무것도 모르는 사람들에게 법의 정신이 무엇인지를 가르쳐야 한다고 생각했지요. 그래서 그는 친구와 함께 잡지를 발행하여 사람들에게 계몽주의 사상을 널리 전파했어요.

베카리아가 가장 관심을 가졌던 것은 당시의 형사재판이었어요. 그는 《범죄와 형벌》을 발표하면서 그 시대 최고의 형법학자라는 평을 들었지요. 이 책에서 그는 법을 종교로부터 해방시킬 것을 강력하게 주장했어요. 당시에는 아직 법이 종교로부터 완전히 분리되지 않은 때였어요. 종교 지도자들은 법을 어겨도 벌을 받지 않았어요. 반면에 힘없는 사람들은 종교 지도자들의 눈 밖에 나면 엄한 벌을 받곤 했지요. 그중에는 법에서 정하

and the social equality

지도 않은 벌을 내리는 경우도 있었어요. 베카리아는 이런 문제점을 지적하면서 법이 종교로부터 분리되어야 한다고 주장했어요.

또한 그는 ≪범죄와 형벌≫이라는 책에서 고문과 사형에 대해 반대했어요. 당시에는 죄인들을 함부로 고문하는 경우가 많았어요. 또 사형도 너무 쉽게 선고되곤 했지요. 베카리아의 주장은 많은 사람들의 공감을 얻어 사형 제도를 폐지하는 나라도 생겼어요.

베카리아의 책 ≪범죄와 형벌≫은 현재 22개 국어로 번역되어 많은 법률가들이 읽고 있어요. 그의 책 덕분에 법은 한 단계 더 발전할 수 있었답니다.

사형 제도, 어떻게 하면 좋을까?

　사형은 생명을 빼앗는 벌로 가장 무서운 형벌이에요. '극형' 또는 '생명형'이라고도 하지요. 사형 제도가 있는 나라도 있고, 사형 제도가 없는 나라도 있어요. 또 사형 제도에 대해서는 찬반 논쟁이 뜨겁지요.

　사형 제도에 찬성하는 사람들은 다음과 같은 주장을 하고 있어요.

　첫째, 다른 사람을 죽이는 등의 끔찍한 죄를 지은 사람은 사회 전체에 커다란 위협이 된다. 이런 사람을 사형시키면 다른 사람들도 두려움 때문에 다시는 그런 끔찍한 범죄를 저지르지 않는다.

　둘째, 억울하게 피해를 입은 사람들의 입장에서 보면 사람을 죽인 사람은 사형에 처하는 것이 마땅하다.

　셋째, 죄 없고 착한 국민들의 생명을 지키기 위해서 사형은 필요악이다.

　하지만 사형 제도를 반대하는 사람들은 다음과 같은 주장을 하고 있어요.

　첫째, 판사나 검사도 사람이기 때문에 재판하는 과정에서 잘못 판단을 내릴 수 있다.

　둘째, 헌법에 보장된 기본권을 침해하는 일이므로 없애야 한다.

　셋째, 사람의 생명은 조물주가 준 것이므로 어떤 경우에도 사람의 생명을 마음대로 빼앗아 갈 수는 없다.

　여러분은 찬성과 반대, 어떤 입장인가요?

세계 여러 나라의 사형 제도

　사형 제도가 없는 나라는 영국, 독일, 프랑스 등 112개국이에요. 반면에 사형 제도가 있는 나라는 대한민국, 미국, 일본 등 83개국이지요. 특히 미국은 주마다 사형 제도가 달라요. 그런데 사형 제도가 있는 텍사스 주의 범죄 증가율은 높은 반면, 사형 제도를 폐지한 아이오와 등의 주에서는 범죄 비율이 미국 전체 평균보다 낮았다고 해요. 게다가 캐나다에서는 1976년 사형 제도를 폐지한 이후 범죄 발생률이 무려 40%나 떨어졌다고 해요.

　이런 근거를 들어 최근에는 사형 제도를 없애는 나라도 많아졌어요. 우리나라에도 사형 제도를 없애자는 주장이 나오고 있지만 아직까지 우리나라에서는 사형 제도를 인정하고 있어요. 다만 사형 선고와 집행에서는 매우 신중한 태도를 취하고 있지요. 하지만 지난 십여 년간 실제 사형 집행이 없었기 때문에 사실상 사형 제도가 폐지되었다고 보기도 해요.

　'사형 제도 폐지를 위한 범종교 연합'이라는 단체는 현재 감옥에 갇혀 있는 약 60여 명의 사형수들을 무기형으로 바꾸어 줄 것을 주장하고 있어요. 국제사면위원회에서도 공식적으로 우리나라 정부에 사형 제도를 없애 달라고 부탁을 했지요. 또한 국가인권위원회에서도 사형 제도를 폐지하자는 의견을 내어 놓았답니다.

내가 안중근의 변호를 맡겠소
안병찬

安秉瓚

"뭐라고! 안중근이 이토 히로부미를 총살했다고!"

안병찬은 안중근이 일본 법정에서 재판을 받게 되었다는 소식을 듣고 자리에서 벌떡 일어났어요. 그러고는 그 길로 곧바로 중국 뤼순에 있는 일본 법정으로 갔어요. 뤼순 법정으로 가는 기차에 몸을 실은 안병찬은 입을 꽉 다물고 눈이 부시게 푸른 하늘을 올려다봤어요.

안병찬은 독립운동가이자 변호사였어요. 1905년 을사보호조약이 체결되어 외교권이 일본에게 넘어가자 안병찬은 땅을 치며 고종에게 상소를 올렸어요. 을사보호조약은 이완용 등 다섯 명의 매국노(나라의 주권을 남의 나라에 팔아먹은 사람)가 고종을 위협하여 이루어진 조약이에요. 이 때문에 우리는 일본에게 나라를 빼앗겼지요.

"폐하! 다섯 명의 매국노를 죽이든가 아니면 저의 목을 매국노 앞에 던져 주십시오!"

고종은 안병찬의 상소를 읽으며 눈물을 흘렸어요. 자신은 이제 아무런 힘도 없었기 때문이지요.

안병찬은 법을 공부해서 나라를 구하는 데 힘을 보태야겠다고 마음먹었어요. 일본으로 건너가 메이지 대학에서 법 공부를 하고 조선 변호사 시험에 합격했지요. 우리나라로 돌아와서는 억울하게 잡힌 독립운동가들을 위해 변호사 활동을 하고 있었어요. 그러던 중 1909년 안중근 의사의 소식을 듣게 된 것이죠.

"내가 안중근의 변호를 맡겠소."

안병찬은 일본 법정을 찾아가 말했어요. 하지만 일본 법정에서는 그를 받아들이지 않았어요. 이미 두 명의 엉터리 일본인 변호사가 안중근의 변호를 맡기로 되어 있었기 때문이지요. 일본은 재판을 서둘러 끝내고 안중근을 사형시키고 싶었어요. 그러나 안병찬은 포기하지 않고 자신이 안중근

을 변호하는 것이 왜 법적으로 옳은지를 따졌어요.

"피고인은 변호사를 고를 권리가 있습니다. 안중근이 나를 변호사로 골랐는데, 왜 안 된다는 것입니까? 이는 법적으로 말이 안 되는 것입니다."

일본인들도 더는 어쩔 수가 없었어요. 그래서 두 명의 일본인 변호사와 함께 변호할 것을 허락했어요.

마침내 안중근의 재판이 열렸어요. 판사가 안중근에게 물었어요.

"왜 이토 히로부미를 암살했는가?"

그러자 안중근은 쩌렁쩌렁한 목소리로 대답했어요.

"암살이라니? 이토 히로부미는 우리나라의 독립 주권을 빼앗아 간 원수이며 동양의 평화를 어지럽히는 자이므로 나는 그를 총살한 것이다!"

이어 안병찬이 나서 안중근을 변호했어요.

"안중근은 나라의 주권을 되찾기 위해 이토 히로부미를 사형시킨 것입니다. 안중근은 사사로운 감정 때문에 그를 죽인 것이 아닙니다. 이는 조선의 독립을 위한 정당한 행동이었습니다."

안병찬은 목이 쉬어 거의 울부짖고 있었어요.

그러나 뤼순 고등법원은 예상했던 대로 안중근에게 사형을 선고했어요. 사형이라는 말을 듣는 순간 안병찬은 곧바로 재심을 요구했어요. 하지만 안병찬의 요구는 받아들여지지 않았어요.

이날 안병찬은 감옥에 갇혀 있는 안중근을 찾아가 그의 유언을 들었어요.

"동포에게 바라노니 학문에 힘을 쓰고 산업을 진흥시켜서 조국의 독립을 이루어주길 바란다. 조국이 독립되는 날 죽어서도 나는 기뻐하리라."

안중근의 유언을 듣는 안병찬의 눈에서는 뜨거운 눈물이 솟구쳤어요.

일본 법정에서는 법이 중요한 것이 아니었어요. 판사 마음대로 형량을 결정했지요. 하지만 안병찬은 끝까지 일본 법정과 싸웠어요.

'나는 법정의 독립투사다! 법정에서부터 일제와 싸워 이겨야 나라를 구할 수 있다!'

안병찬은 이재명 사건도 맡았어요. 이재명은 역적 이완용을 칼로 찌른 독립투사예요. 안병찬의 노력에도 소용없이 일본 법정은 이재명에게도 역시 사형을 선고했지요. 안병찬은 자신이 변호를 맡은 독립운동가들이 죽을 때마다 뜨거운 눈물을 흘렸어요. 일본 법정을 상대로 안병찬이 이긴 적은 거의 없었어요. 하지만 그의 법정 투쟁은 멈출 줄 몰랐어요.

우리나라 초기의 법률가들 중에는 독립운동에 뜻을 둔 사람들이 많았어요. 안병찬도 그중의 한 사람이지요. 일본은 틈만 나면 안병찬과 같은 법률가들에게 일제에 협조하지 않으면 큰일을 당할 거라며 협박했어요. 하지만 우리나라 초기의 법률가들은 올바른 법을 세우기 위해 끝까지 일제와 맞서 싸웠답니다.

★ 안병찬의 생애

안병찬은 1881년 충북 의주에서 태어났어요. 그의 집안은 엄청난 부자였어요. 땅이 얼마나 많았던지 다른 사람에게 땅을 빌려 주고 가을에 받는 세가 만 석이 넘을 정도였지요. 그러나 안병찬의 아버지는 이 재산을 모두 독립운동을 하는 데 썼어요. 안병찬의 둘째 동생은 독립운동을 하다가 체포되어 오랫동안 감옥에 갇혀 있었어요. 안병찬의 셋째 동생은 만주에서 광복군으로 활동했고요. 안병찬은 이와 같은 독립운동가의 집안에서 태어났어요.

안병찬이 처음으로 독립운동을 시작한 것은 단발령 사건 때문이었어요. 일제는 우리나라 사람들의 머리카락을 억지로 자르게 했어요. 이것이 바로 단발령 사건이에요. 옛날 우리 조상들은 머리카락을 자르는 것은 큰 불효라고 생각했어요. 몸의 모든 것은 부모님이 주신 것이기 때문에 함부로 자를 수 없다고 생각했던 것이죠. 일본은 이러한 우리의 정신을 못마땅하게 여겼어요. 그래서 억지로 단발령을 내린 거예요. 그러자 1895년 안병찬은 단발령을 따를 수 없다며 의병을 일으켜 독립투쟁을 벌였어요.

1905년에 을사조약이 체결되자 안병찬은 을사조약에 찬성한 이완용(학부대신), 박제순(외부대신), 이지용(내부대신), 이근택(군부대신), 권중현(농

상부대신)을 처형할 것을 고종에게 상소하였어요. 이 일로 그는 체포되어 제주도로 귀양을 갔지요. 그 후 안병찬은 변호사가 되어 1909년 안중근 의사의 재판 때 변호를 맡았어요. 안병찬은 이때 안중근이 한 일은 우리나라의 독립을 위한 의거였다고 주장했어요. 하지만 안중근 의사는 결국 사형되고 말았답니다.

3·1 운동 이후 그는 중국의 상해로 건너갔어요. 그곳에서 독립 청년단 총재로 활동하며 독립운동에 앞장섰어요. 1920년에는 임시 정부에서 법무차장으로 일을 했어요. 법률가로서 임시 정부의 밑바탕이 되는 법을 만드는 데도 큰 역할을 했지요. 안병찬은 평생을 독립운동가로 변호사로 조국의 독립을 위해 애쓰다 숨졌어요. 그 공을 인정해 대한민국 정부에서는 1963년 그에게 건국훈장 독립장을 수여했답니다.

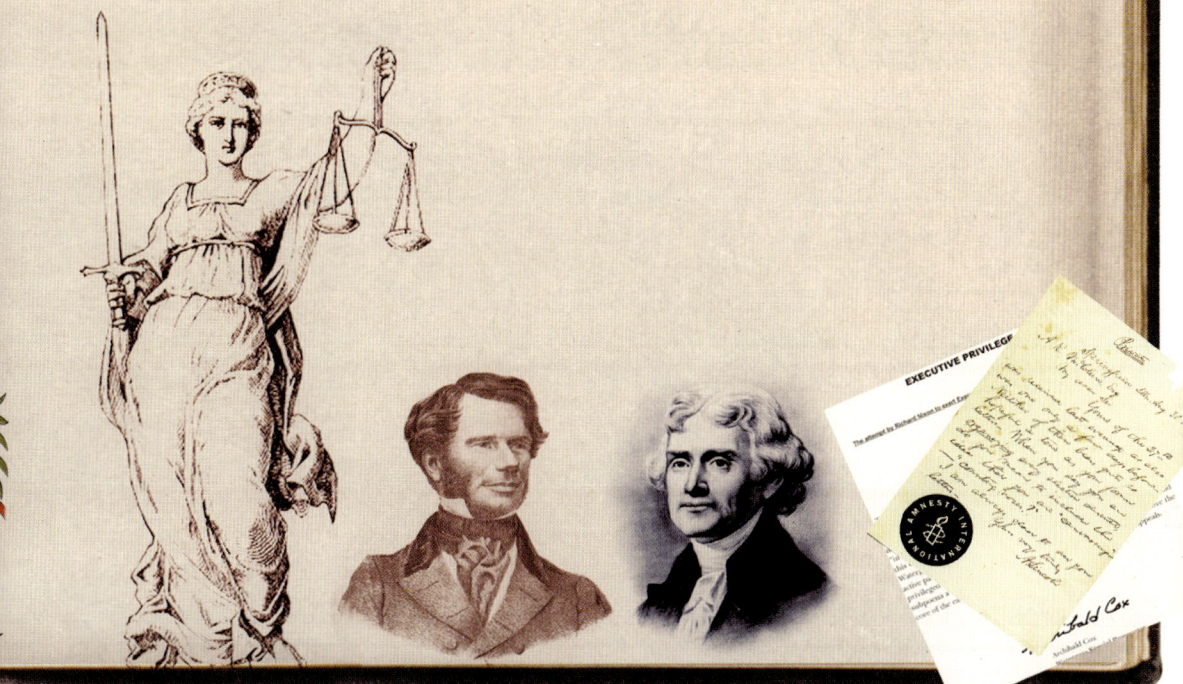

국제인도법이 뭘까?

인류는 오랜 옛날부터 끊임없이 전쟁을 했어요. 전쟁을 안 하고 살 수 있다면 얼마나 좋을까요? 하지만 전쟁 없는 세상을 만드는 것은 말처럼 쉽지가 않아요. 그렇다면 전쟁이 일어났을 때, 어떻게 인간의 생명과 존엄성을 지켜야 할까요? 이러한 생각에서 생겨난 법이 바로 '국제인도법' 이에요.

전쟁 중에 다친 부상자, 그들을 치료하는 의료인, 적에게 잡힌 포로들, 민간인 등은 전쟁에 직접 참여하지 않은 사람들이에요. 이들은 아무리 전쟁 중이라고 할지라도 보호할 필요가 있어요. 국제인도법은 이렇게 전쟁이 일어났을 때 사람의 생명과 인권을 보호하기 위해 만들어진 법이에요. 국제인도주의 법은 우리 편과 상대 편을 구별하지 않아요. 생명은 그 누구의 것이든 모두 똑같이 소중하니까요.

하지만 국제인도법은 우리가 아는 다른 법처럼 하나의 법전으로 이루어진 것은 아니에요. 다만 '전쟁이 일어나면 이러이러한 것은 반드시 지키자.'고 약속을 했을 뿐이지요. 그래서 실제로 전쟁이 일어나면 이 법을 어기는 나라들이 많아요. 미국과 이라크 전쟁이 끝난 후, 미군은 이라크 포로들을 고문하고 괴롭혔어요. 이는 분명 국제인도법을 어긴 행위예요. 하지만 국제인도법은 강제력이 없기 때문에 미국에 어떤 제재도 하지 못하고 있답니다.

법도 죽는다고요?

　법을 만드는 사람은 대통령이나 국회의원들이에요. 먼저 '이런 법은 어떨까?' 하고 대통령과 국회의원이 새로운 법에 대한 의견을 내지요. 다음엔 국회에서 심사를 하고 통과시킬 것은 통과시켜 새 법이 만들어지는 거예요. 그 다음엔 새로운 법을 국민에게 알리지요. 법이 제대로 알려져야 국민들이 잘 지킬 수 있을 테니까요.

　이렇게 새 법을 만들었을 땐 그 법을 실제로 적용하기까지는 어느 정도의 기간이 필요해요. 사람들에게 새로운 법을 널리 알리는 데도 시간이 필요하고, 만약 새 법이 잘못된 점이 있다면 고칠 시간도 있어야 하지요. 이 기간은 짧게는 한 달에서 길게는 몇 년이 걸리기도 한답니다.

　그런데 이렇게 태어난 법도 영원히 계속되는 건 아니에요. 법도 사람처럼 태어나서 어느 기간이 지나면 언젠가는 사라지고 만답니다. 지금은 사라지고 없는 법으로 '농어촌지붕개량촉진법'이란 게 있어요. 농촌, 어촌의 집들을 고쳐서 보다 살기 편한 집으로 만들자는 법이었지요. 이 법이 만들어지는 바람에 우리나라의 초가집은 대부분 사라졌어요. 그래서 1995년에 이 법은 없어졌답니다.

　이처럼 법은 필요하면 만들어졌다가 없어지기도 해요. 또 잘못된 법은 한 번도 시행하지 못하고 사라져 버리기도 한답니다.

대통령을 쫓아낸 검사
아치볼드 콕스

WATERGATE SCANDAL

ARCHIBALD COX

1972년 6월, 미국에서는 대통령 선거의 열기가 뜨거웠어요. 당시 대통령 후보로 나선 사람은 두 사람이었어요. 한 사람은 당시 대통령이었던 공화당의 리처드 닉슨 후보였고, 다른 한 사람은 민주당의 에드워드 케네디 후보였지요. 이 두 사람은 거의 엇비슷하게 국민들의 지지를 받고 있었어요.

　그러던 어느 날, 세상을 깜짝 놀라게 할 사건이 터졌어요.

　"뭐라고? 닉슨 대통령이 케네디 선거 본부에 도청 장치를 설치했다고?"

　신문을 통해 닉슨의 도청 사실을 안 국민들은 분노했어요.

　"어떻게 대통령이 남의 대화를 엿듣는 파렴치한 짓을 할 수 있지?"

　사건의 파장이 점점 커지자 닉슨 대통령은 곧 기자 회견을 가졌어요.

　"일부 몰지각한 사람들이 케네디 후보 선거 사무실에 도청을 했던 것은 사실입니다. 하지만 도청 사건과 저는 전혀 상관이 없습니다. 믿어 주십시오."

　하지만 국민들은 닉슨 대통령의 말을 믿지 않았어요. 진실을 밝히라는 국민들의 여론은 점점 거세졌지요. 닉슨 대통령은 할 수 없이 특별 검사조를 꾸렸어요.

　1973년 5월 드디어 당시 하버드 대학 법학 교수였던 아치볼드 콕스가 특별 검사로 뽑혔어요. 아치볼드 콕스는 불의와는 절대 타협하지 않는 강직한 법률가로 유명했어요. 그는 하버드 대학에서 학생들에게 법을 가르치면서 법의 공정성에 대해 강조했어요.

"법은 모든 사람에게 공평해야 합니다. 누구든 법을 어기면 벌을 받아야 해요. 그 사람이 대통령이라고 할지라도 말이지요. 법이 모든 사람에게 공평하게 적용되는 사회야말로 진정한 민주주의 사회라고 할 수 있습니다."

콕스는 곧 조사를 시작했어요. 도청을 한 테이프를 모두 압수하고 수사망을 조금씩 좁혀 나갔지요. 그러던 어느 날, 백악관으로부터 전화가 왔어요. 백악관은 미국 대통령이 업무를 보는 곳이에요.

"콕스 검사, 수사를 백악관까지 확대하지는 말게. 적당한 선에서 수사를 끝내도록 하게."

백악관 관리의 전화를 받은 콕스 검사는 어이가 없었어요.

"저는 법을 집행하는 검사입니다. 저는 법대로 모든 일을 처리할 것입니다."

"자네는 왜 그렇게 앞뒤가 꽉 막혔나? 우린 자네를 그 자리에서 쫓아낼 수도 있어. 잘 생각해 보라고."

전화를 끊은 콕스는 백악관이 이 일과 관련이 있다는 것을 분명하게 알게 되었어요. 콕스 검사는 백악관 관리들을 하나 둘 검사실로 불러 조사를 시작했어요. 그러다 아주 중요한 사실을 알게 되었어요.

"대통령의 모든 집무실에는 녹음 장치가 설치되어 있습니다. 단 4명만이 이것을 들을 수 있지요."

콕스 검사는 즉시 그 테이프를 제시할 것을 요청했어요. 하지만 닉슨 대통령은 그 요구를 거절했지요.

"이 테이프는 아주 개인적인 것이고, 내 가족들과의 사소한 대화 내용을 담은 것들이 대부분이네. 절대 테이프를 줄 수 없네."

콕스 검사는 곧 법원에 연락했어요. 법원에서는 이 테이프들을 제시하지 않으면 닉슨 대통령을 기소할 수밖에 없다고 말했지요. 그러자 닉슨은 화가 머리끝까지 나 고래고래 소리를 쳤어요.

"법무부 장관! 콕스 검사를 지금 즉시 해임하게. 이 작자는 도저히 겁이 없어. 자기가 뭔데 대통령에게 이래라 저래라 하는 거야!"

법무부 장관은 콕스 검사에게 전화를 걸었어요.

"이보게, 수사를 이쯤에서 멈추면 안 되겠나?"

"저는 그럴 수 없습니다. 저는 법을 지키는 검사입니다. 죄를 지은 사람은 누구든 법정에 세우는 것이 바로 제가 할 일이지요."

콕스 검사의 말을 들은 법무부 장관은 차마 콕스 검사를 해임할 수 없었어요. 법무부 장관은 대통령에게 자신의 사직서를 제출했어요.

"콕스 검사처럼 훌륭한 검사를 해임시키느니 차라리 제가 그만두겠습니다."

닉슨은 마침내 손을 들었어요. 테이프에는 케네디 후보 지역에 몰래 도청 장치를 설치하라고 지시하는 닉슨 대통령의 말이 담겨져 있었지요.

1974년 8월 9일 리처드 닉슨은 대통령 자리에서 쫓겨났어요. 콕스 검사는 곧 대통령을 쫓아낸 검사로 유명해졌어요. 이곳저곳에서 콕스 검사를 취재하기 위해 줄을 섰지요. 하지만 콕스 검사는 자신은 법률가로서 마땅히 해야 할 일을 했을 뿐이라며 모든 취재를 거부했어요. 그리고 다시 학교로 돌아가 학생들에게 올바른 법을 가르치며 평생을 살았답니다.

★ 아치볼드 콕스의 생애

닉슨 대통령을 물러나게 한 사건을 가리켜 사람들은 '워터게이트 사건'이라고 해요. 케네디 후보측의 선거 본부가 워싱턴의 워터게이트 빌딩에 있었거든요. 아치볼드 콕스 검사는 이때 특별 검사를 맡은 사람이에요. 아치볼드 콕스는 하버드 대학에서 학생들에게 법학을 가르치는 유능한 교수였어요. 1973년 5월 워터게이트 사건 특별 검사로 임명돼 사건의 전체 내용을 밝히기 위해 많은 노력을 했지요. 그는 백악관으로부터 협박을 받기도 했지만 조금도 뜻을 굽히지 않고 법대로 사건을 조사했어요.

검사의 신분으로 최고 권력에 있는 대통령을 자리에서 쫓아낸다는 것은 말처럼 쉬운 일이 아니에요. 투철한 법 정신이 없는 법률가라면 절대 그럴 수가 없는 일이지요. 아치볼드 콕스 검사는 법과 정의를 지키기 위해서는 자신의 목숨마저 내어 놓을 사람이었어요. 그는 테이프 제출 요구를 중단하라는 닉슨 대통령의 명령을 받고도 자신은 부당한 압력에 굴복하지 않는다며 맞서 싸웠어요.

결국 닉슨 대통령은 콕스 검사를 파면시키기로 결정하고 법무부 장관에게 명령을 했어요. 하지만 법무부 장관은 닉슨 대통령의 명령을 거부하고 자신이 사직서를 썼지요. 그러자 닉슨 대통령은 곧 다른 법무부 장관을 임명해 똑같은 명령을 내려요. 하지만 두 번째 법무부 장관도 콕스

검사와 같은 올곧은 법률가를 파면시킬 수는 없다며 자신이 사직서를 제출했어요. 닉슨 대통령은 세 번째 법무부 장관을 임명한 후에야 콕스 검사를 해임시킬 수 있었어요. 신문에서는 이 소식을 곧 '토요일 밤의 대학살'이라는 제목으로 국민들에게 전했어요. 이에 국민들은 더 분노를 했고, 국회에는 22건의 대통령 탄핵안이 올라왔지요. 닉슨 대통령은 콕스 검사를 파면하면 모든 것이 조용해질 거라고 생각했지만 결과는 정반대였어요. 국민들은 법을 집행하는 특별 검사 콕스를 대통령 마음대로 파면해서는 안 된다고 생각했지요. 결국 닉슨은 대통령 자리에서 쫓겨났어요.

그 후 콕스는 대학에서 학생들에게 법은 누구에게나 공정해야 한다는 것을 가르쳤다고 해요. 학생들은 그런 그를 '법의 심판자'라고 불렀지요. 진정한 법의 정신을 지켰던 아치볼드 콕스 검사는 2004년 5월 아흔두 살의 나이로 눈을 감았답니다.

도청은 법을 어기는 일이에요

　도청은 다른 사람의 대화나 전화 내용을 몰래 엿듣는 행위예요. 대부분의 나라에서는 개인의 사생활 보호를 위해 법으로 도청을 금지하고 있어요. 우리나라에서도 헌법으로 사생활의 비밀과 자유, 통신의 비밀을 보장하고 있지요.

　하지만 휴대 전화기와 인터넷 등이 발달하는 바람에 사생활을 침해받는 일이 자주 일어났어요. 그래서 국회에서는 통신의 자유를 보호하기 위해 '통신 비밀 보호법'이라는 법을 만들었어요. 이 법은 통신 및 대화의 비밀을 철저하게 보호하는 법이에요. 만약 특별한 목적이 있어 도청을 하려면 엄격한 법적 절차에 따라 법원의 허락을 받아야 해요. 따라서 법률에 따라 허락되지 않은 도청은 모두 법을 어기는 것이랍니다.

사이버 범죄도 죄가 되나요?

　인터넷 안에도 법은 존재해요. 서로 얼굴을 볼 수 없다고 심한 욕을 하거나 근거도 없이 다른 사람을 비방하는 등의 행동을 하면 법에 따라 처벌을 받지요. '정보통신망 이용 촉진 및 정보 보호 등에 관한 법률'이나 '형법'에 따라 500만 원 이하의 벌금, 구류 등의 벌을 받게 된답니다.

특히 해커는 엄한 벌을 받아요. '해커'는 남의 컴퓨터에 몰래 침입해서 정보를 빼내거나 프로그램 등을 파괴하는 일을 하는 사람을 가리키는 말이에요.

또 쉽게 일어나고 있는 범죄 행위로 '불법복제 행위'를 들 수 있어요. 이런 행위 역시 법에 따라 처벌을 받아요. 혹시 '저작권'이라는 말을 들어 본 적이 있나요? 저작권은 무엇이든 창의적인 요소가 깃든 창작물에 대해서 그것을 만든 사람에게 주어지는 권리를 말하는 거예요. 예를 들어 어떤 글을 쓴 작가나 그림을 그린 화가, 그리고 사진을 찍은 사진작가에게는 저작권이 생겨요. 이러한 작품을 만든 사람의 허락을 받지 않고 마음대로 가져다가 쓰면 저작권법에 따라 벌을 받게 된답니다.

집단 따돌림도 벌을 받아요

흔히 '왕따'라고 하는 집단 따돌림도 법에 어긋나는 일이에요. 집단 따돌림을 당한 학생은 정신적으로 큰 충격을 받을 수 있어요. 따라서 집단 따돌림을 하는 행위는 법에 따라 처벌을 받는답니다. 집단 따돌림을 한 학생은 보통 학교의 규칙에 따라 퇴학, 전학 등의 처벌을 받게 돼요. 또 집단 따돌림 과정에서 폭행이 있었다면 폭행죄로 처벌을 받아야 해요. 협박이 있었다면 협박죄로 처벌을 받아야 하고요.

인도의 법을 다시 세운 변호사
간디

GANDHI

1920년 3월 18일, 간디를 재판하는 날이 되었어요. 판사 브룸필드가 법정으로 들어오자 방청객들은 모두 자리에서 일어났어요. 간디도 자리에서 일어나려고 했어요. 그런데 바로 그 순간 깜짝 놀랄 만한 일이 벌어졌어요. 브룸필드 판사가 간디를 향해 정중하게 머리를 숙이는 게 아니겠어요.

"아니, 이럴 수가!"

방청객들은 모두 깜짝 놀라 눈이 휘둥그레졌어요. 판사가 죄수에게 머리를 숙여 인사를 한다는 것은 생각조차 할 수 없는 일이었기 때문이지요. 죄인의 신분으로 판사에게 인사를 받아 본 사람은 아마 간디밖에 없을 거예요.

간디가 먼저 미소를 지으며 입을 열었어요.

"재판장은 나에게 두 가지 중 하나를 할 수 있겠군요. 하나는 진리와 정의를 위하여 이 자리를 떠나는 것이고, 또 하나는 나에게 법이 정해 놓은 대로 최고 형벌을 내리는 것이지요."

브룸필드 판사는 마치 학생이 선생님의 말씀을 듣듯 진지한 얼굴로 간디의 말에 귀를 기울였어요.

간디는 방청객들이 다 들을 수 있도록 큰 소리로 영국이 인도를 침략한 후 무슨 짓을 저질렀는지 하나하나 말해 주었어요.

영국은 1858년 8월 12일, 인도를 영국의 식민지로 만들었어요. 그 후 그들은 인도인들을 차별하였어요. 그들은 자기들에게만 유리한 법을 만들어 인도인들의 권리를 하나 둘씩 빼앗아갔지요.

이런 사실을 잘 알고 있던 간디는 법을 공부하기로 하고 런던 대학에 입학했어요. 그리고 1891년 6월, 마침내 영국 변호사 자격을 얻었지요. 변호사가 되어 법을 공부하면서 간디는 영국 법관들이 마음대로 법을 행사하고 있다는 것을 알게 되었어요. 그가 영국 법관들을 얼마나 싫어했는지는 그의 자서전을 보면 쉽게 알 수 있어요. 그의 자서전에는 영국 법관들을 이렇게 표현한 구절도 있답니다.

"현재 인도의 법관들은 재판을 부탁하는 사람의 피를 빨아먹고 사는 거머리들이다."

영국의 횡포는 날이 갈수록 더해졌어요. 자기 마음대로 법을 정하여 더욱 인도인들을 괴롭혔지요. 심지어 1919년 2월에는 영국에 대항하는 자는 누구든지 재판 없이 처형할 수 있다는 '로울라트 법'이라는 엉터리 법까지 만들어 공포하

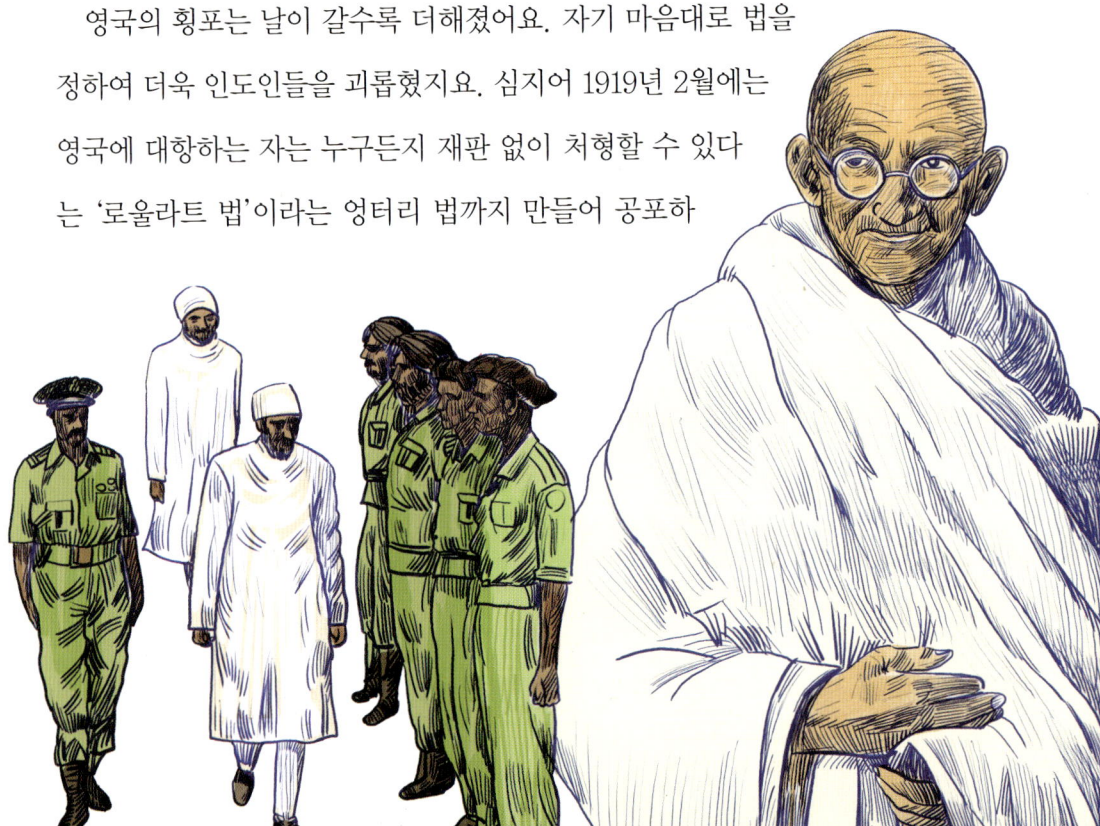

였어요. 로울라트 법에 따르면 영국에 대항하여 집회를 여는 사람은 무조건 그 자리에서 감옥에 보낼 수 있었어요.

'이제 도저히 참을 수 없다. 인도 국민 모두를 '국민 의회' 의원으로 등록시키고 잘못된 법을 고쳐야겠다.'

그동안에는 귀족들만 국민 의회의 의원이 될 수 있었어요. 하지만 간디는 모든 인도인들이 국민 의회의 의원이 될 수 있도록 헌법을 고쳤어요.

국민 의회의 의원이 된 인도 국민들은 이때부터 간디를 중심으로 똘똘 뭉치기 시작했어요. 잘못된 법을 고치고 조국을 해방시키기 위해 인도 전역에서는 날마다 시위가 일어났어요.

"간디는 인도의 희망이다!"

"엉터리 로울라트 법을 고치고 인도를 해방시키자!"

이런 간디는 영국인에게는 눈엣가시였어요. 이 때문에 간디는 변호사였지만 오히려 감옥에 갇혀 지내는 시간이 더 많았지요. 75년을 사는 동안 간디는 무려 2,288일을 감옥에서 보냈다고 해요. 하지만 이처럼 숱한 어려움 속에서도 간디는 단 한 번도 자신의 의지를 굽히지 않았어요.

'법률가로서 잘못된 법을 고치기 위해 싸우는 것은 당연한 것이다!'

인도인들은 정의와 진리를 쫓아 자신의 신념을 굽히지 않는 간디를 존경했어요. 심지어 영국인들 중에도 간디를 존경하는 사람들이 꽤 있었지요.

브룸필드 판사도 그중 한 명이었어요.

"간디는 정말 존경받을 만한 법률가입니다. 하지만 죄인은 법에 따라 형벌을 받아야 합니다. 재판장은 피고에게 6년간의 징역을 선고합니다!"

그러고 나서 브룸필드 판사는 이렇게 덧붙였어요.

"만일 영국 정부에서 제가 내린 이 형량을 줄여 준다면 그보다 더 기쁜 일은 없을 것입니다."

그 뒤에도 간디는 로울라트 법을 고치기 위해 끝없이 노력했어요. 여러 차례 목숨을 걸고 단식 투쟁을 하기도 했지요. 그의 이런 노력에 힘입어 영국은 결국 인도인을 탄압하기 위해 만들었던 로울라트 법을 고쳤어요. 그리고 1942년 인도는 마침내 영국으로부터 독립을 했답니다.

★ 간디의 생애

간디는 영국의 지배를 받던 인도의 포르반다르에서 태어났어요. 아버지는 유능한 행정가였고, 어머니는 비폭력을 강조하는 분이었어요. 이러한 가정환경 속에서 간디는 비교적 부유하게 자랐어요.

간디는 어려서는 인도에서 교육을 받았어요. 하지만 1887년 런던에 있는 런던 대학에 입학하여 법 공부를 했지요. 1891년 마침내 변호사 자격을 얻어 인도로 귀국했어요.

1893년에는 사건을 의뢰받아 1년간의 계약으로 부인과 함께 남아프리카 연방의 더반으로 건너갔어요. 이곳에서 간디는 큰 경험을 하게 됐어요.

당시 남아프리카에는 약 7만 명의 인도인들이 이주해 살고 있었어요. 그들은 백인들의 무시와 탄압을 받고 있었지요. 간디는 남아프리카에 사는 인도인들의 권리와 지위를 보호하기 위해 법정 투쟁을 벌였어요. 인종 차별 반대 단체를 조직하고 1914년까지 그 단체의 지도자로 활동했지요. 이때 처음으로 '사티아그라하(진실의 주장)'를 만들었어요. 이는 적대자들에게 폭력을 쓰지 않고 저항해 그들 스스로가 잘못을 깨닫도록 한다는 뜻이에요.

1915년 인도로 돌아온 간디는 영국에 저항하기 위한 사티아그라하 단체를 또 만들었어요. 인도 국민들의 힘을 모을 국민 의회도 새롭게 만들었

지요. 그리고 '로울라트 법', '소금세 법(영국에서 수입한 소금을 강제로 사용하게 하는 법)' 등 악법에 반대하는 비폭력 운동을 벌였어요. 하지만 영국의 탄압은 더욱 심해졌어요.

그는 죽기 직전까지 무수히 많은 투쟁을 했어요. 그 때문에 그는 감옥에 갇히는 일이 많았지요. 하지만 간디는 단 한 번도 자신의 신념을 굽히지 않았어요. 무자비한 폭력을 행사하는 사람들에게 비폭력으로 대항했지요. 간디의 비폭력 운동은 결국 1942년 인도의 독립을 이끌었어요. 하지만 1948년 1월 30일, 간디는 한 힌두교 청년이 쏜 총에 맞고 쓰러졌답니다.

간디는 인도 민족 운동의 지도자이자 사상가이자 신념 있는 법률가였어요. '마하트마(위대한 혼, 큰 성인)'라고 불리는 간디는 인도의 아버지로 지금도 많은 인도인들의 존경을 한몸에 받고 있답니다.

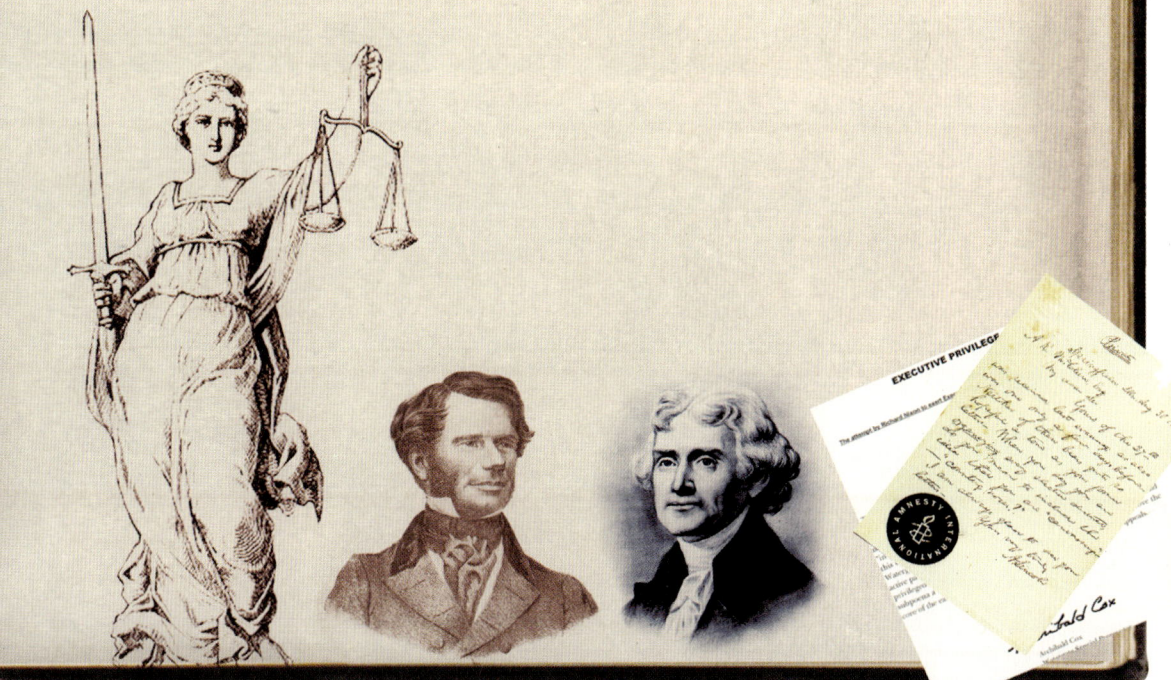

뒤죽박죽 알쏭달쏭 소송 제도

여러 사람이 함께 살다 보면 여러 가지 문제가 생기게 마련이에요. 이러한 여러 가지 사회 문제를 해결하기 위해서 나라에서는 법원을 만들었어요. 법원은 옳고 그름을 따져 재판을 하는 곳이에요. 누구나 문제가 생기면 법원에 재판을 청구할 수 있어요. 그럼 법원에서는 재판을 통해 한쪽은 이기게 하고 한쪽은 지게 하지요. 이러한 제도를 소송 제도라고 해요. 소송 제도에는 민사 소송, 형사 소송, 행정 소송 등이 있어요.

민사 소송은 주로 개인과 개인 간에 문제가 생겼을 때 필요한 소송이에요. "돈을 갚아라.", "이혼을 하자.", "손해배상을 해라." 등의 문제가 생겼는데 해결이 나지 않으면 법원까지 가야 해요. 이럴 때 민사 소송을 하지요. 민사 소송에서는 소송을 한 사람을 '원고'라고 하고, 소송을 당한 사람을 '피고'라고 불러요. 민사 소송은 법률적인 지식을 갖춘 변호사가 원고와 피고를 대신해서 소송을 진행하는 경우가 대부분이에요.

형사 소송은 큰 죄를 진 사람을 대상으로 검사가 소송을 해요. 검사는 남의 물건을 훔쳤다거나, 폭력을 휘둘렀다거나, 다른 사람의 목숨을 빼앗는 등의 행위를 한 범죄자들을 처벌하기 위해 소송을 해요. 그래서 형사 소송에서는 민사 소송과는 달리 검사가 원고가 되고, 범죄자가 피고가 되는 거예요. 범죄를 저질렀다는 의심을 받고 법정에 선 사람을 가리켜 '피고인'이라고 해요. 그리고 이 피고인을 위해 대신 변론을 해 주는 사람을 가리켜 '변호인'이라고 한답니다.

행정 소송은 국민이 시청, 구청 등 국가 기관을 대상으로 벌이는 소송을 말해요. 국가는 국민을 위해 여러 가지 일을 해야 해요. 예를 들어 홍수가 나면 국민들의 재산과 목숨을 보호할 의무가 있지요. 그런데 그 일을 소홀히 하는 바람에 국민들이 큰 피해를 입는 경우가 있어요. 이럴 경우에는 국민들이 나라를 대상으로 소송을 벌일 수 있어요. 이런 소송을 행정 소송이라고 한답니다.

웬 법원이 이렇게 많지?

법원은 여러 가지가 있어요. 법원 중에서도 가장 높은 법원을 대법원이라고 해요. 그리고 그 외에 고등법원, 지방법원, 가정법원, 행정법원 등의 법원이 있지요. 이러한 법원에서는 주로 민사, 형사, 행정 소송을 담당해요. 이 외에도 선거, 가정보호 등 여러 가지 업무를 담당하고 있지요.

특별한 재판을 제외하고 법정에서 진행되는 모든 재판은 누구나 방청할 수 있어요. 단 방청객이 너무 많이 올 경우에는 방청권을 배부하는 경우도 있어요. 이때에는 방청권을 가지고 있는 사람만 재판을 방청할 수 있답니다.

민주주의 발전을 위하여
이병린

"큰일 났어. 비상계엄령이 내려졌어!"

"뭐라고?"

1964년 6월 3일, 비상계엄령이 내려지자 서울 시내에 탱크가 나타났어요. 탱크에서 내린 군인들은 시위를 하는 시민들을 막아섰어요. 비상계엄령은 전쟁이나 국가비상사태가 발생하여 사회가 매우 혼란스러울 때 대통령이 선포하는 거예요. 계엄 상태에서는 모든 일을 군대가 맡아서 해요. 1964년은 우리나라가 일본과 수교를 맺기 위해 회담을 한 해예요. 우리나라 국민들 대부분은 일본과 수교를 맺는 것을 반대했어요. 당시 우리나라 국민들은 일본이 우리나라를 침략했던 과거를 떠올리며 일본과 수교를 맺는 것은 나라의 수치라고 여긴 거예요.

"정부는 일본과의 회담을 즉시 중단하라!"

2만 명이나 되는 시민들은 한 목소리로 외쳤어요. 군인들은 총을 들고 시민들을 막아섰지요. 하지만 시민들은 용감하게 앞으로 나갔어요. 그러자 군인들은 시민들에게 발길질을 하고 총을 휘둘렀지요.

"우리는 우리의 주장을 말하고자 하는 것뿐이다!"

시민들은 피를 흘리며 외쳤어요.

이 소식은 곧 대한 변호사 협회에도 전해졌어요.

"뭐야, 계엄령이라니. 대통령이라 해도 법적인 절차도 밟지 않고 자기 마음대로 비상계엄을 내릴 수는 없어."

당시 대한 변호사 협회 회장이었던 이병린 변호사는 버럭 소리를 지르며 자리에서 일어났어요. 당시에는 군사 정권이 나라를 운영하고 있었어요. 그래서 법을 무시하고 자기들 마음대로 비상계엄령을 내렸던 것이죠.

"우리 변호사들이 모두 힘을 합쳐 '인권에 관한 건의서'를 발표해야 합니다!"

이병린이 힘주어 말했어요. 그러자 다른 변호사들은 고개를 절레절레 흔들었어요.

"지금이 어떤 시대입니까? 말을 함부로 했다가는 우리도 감옥에 갈 수 있어요."

"맞습니다. 그냥 못 본 척하고 넘어가시지요."

다른 변호사들의 말을 들은 이병린 변호사는 화가 나서 책상을 꽝 하고 내리쳤어요.

"지금 그게 법률가가 할 말입니까? 우리는 이 나라의 법을 지키는 법률가들입니다. 법을 무시하고 자기들 마음대로 행동하는 정부를 그냥 두고 보란 말입니까? 여러분이 반대한다면 나 혼자서라도 건의서를 발표하겠습니다."

이병린은 기자들을 모아 놓고 '인권에 관한 건의서'를 발표했어요.

"비상계엄령의 요건을 갖추지 않은 엉터리 비상계엄은 즉시 해제되어야 한다. 계엄령을 내린 상황이라고 해서 인권을 무시하는 행위는 없어야 한다. 계엄하의 군법 회의를 통한 재판은 잘못된 것이다."

이러한 내용은 곧 신문에 발표되었어요. 국민들은 모두 인권에 관한 건의서를 반겼어요. 하지만 이병린 변호사는 그 다음날 바로 군인에 의해 구속되었지요. 이때 이병린 변호사는 모진 고문을 당했어요.

"당신, 변호사면 다야? 지금은 법보다 힘이 더 위에 있다는 거 몰라!"

이병린 변호사가 모진 고문에 못 이겨 쓰러지자 군인은 그의 얼굴에 찬물을 부었어요.

"당장 '인권에 관한 보고서'인지 뭔지 취소해!"

그러자 이병린 변호사가 말했어요.

"나는 법을 지키는 법률가다. 부당한 힘 앞에 굴복하려면 법률가가 되지 않았을 것이다."

다행히 7월 28일 계엄이 해제되어 그는 구속된 지 한 달 만에 석방되었어요.

1960년부터 1980년 사이 우리나라에서는 법을 무시하는 행위가 수도 없이 일어났어요. 정부는 국민들의 인권을 무시했지요. 국민들은 군사 정권의 눈치를 보며 싫다는 표현도 하지 못했어요. 법률가들도 마찬가지였지요. 법률가들도 정부가 법을 무시하는 행위를 해도 눈치를 보며 쉬쉬하고 넘어갔어요. 군사 정권은 자기들 마음대로 법을 고치기도 했지요.

이병린 변호사는 군사 정권이 자기들 마음대로 헌법을 고치려고 할 때에는 목숨을 걸고 '호헌 선언문'을 발표했어요. 군사 정부에서는 그런 그를 수없이 탄압했지요. 하지만 이병린 변호사는 조금도 꺾이지 않고 우리나라 법을 지키는 데 앞장섰답니다. 이병린과 같은 법률가들이 없었다면 우리나라의 민주주의는 발전할 수 없었을 거예요.

The Lawyer... the Justice... The Law...

★ 이병린의 생애

이병린 변호사는 지금도 '재야 정신의 표상', '한국의 의인 변호사'라고 불리는 사람이에요. 그는 권력의 탄압에도 뜻을 굽히지 않고 우리나라의 법을 지키기 위해 앞장선 법률가였어요. 인권을 무시하는 행위가 있을 때마다 그는 달려갔어요. 그리고 인권을 무시당한 사람들을 보호하기 위해 그들의 변호를 스스로 맡았지요. 또한 그는 우리나라의 가장 큰 법인 헌법을 수호하기 위해 온몸을 던졌답니다.

이병린 변호사는 1919년 경기도 양평에서 태어났어요. 그는 원래 학생들을 가르치는 선생님이었어요. 그러다 어느 날 법률가가 되기로 결심하고 법률 공부를 했지요. 이병린 변호사는 1940년 조선 변호사 시험에 합격하여 변호사로 활동을 시작했어요. 나중에는 서울 변호사 협회 회장을 지내기도 했지요.

당시에는 변호사들은 물론이고 검사와 판사들도 군사 정부의 눈치를 봤어요. 권력이 있는 사람들은 죄를 지어도 큰 벌을 받지 않았지요. 군사 정부와 관련이 있는 사람은 특히 더했어요. 반면에 힘없는 서민들은 억울하게 벌을 받는 경우가 많았어요. 이병린 변호사는 이런 서민들의 입장에서 그들을 위해 변호를 했어요.

군사 정부에게 이런 그는 눈엣가시 같은 존재였어요. 결국 군사 정권은 비열한 술수를 써서 이병린을 고향인 가평으로 내려보냈지요. 그리고 다시는 변호사 활동을 하지 못하도록 압력을 넣었어요. 하지만 이병린은 법을 지키기 위해 '민주 수호 국민 협회'라는 단체를 만들어 군사 정권에 대항했어요. 민주화 운동을 하는 학생들과 시민들은 이병린 변호사와 뜻을 같이해 군사 정권의 잘못된 점을 온 국민들에게 알렸어요.

이병린 변호사는 우리나라가 내세울 수 있는 최고의 인권 변호사예요. 그는 세계적인 인권 단체인 앰네스티의 한국 지부 명예 회장직을 맡기도 했지요. 이병린 변호사는 후배 법률가들에게 항상 이런 말을 했다고 해요.

"변호사는 권세에 굽히지 않고, 돈에 팔리지 않아야 한다. 그리고 정의를 위해 불의와 맞서는 기백과 용기가 있어야 한다."

헌법이 궁금하면 헌법 재판소에 물어 봐!

헌법은 우리나라 최고의 법이에요. 모든 법은 헌법에 따라야 하지요. 그래서 종종 헌법에 따라 판결을 내려야만 하는 경우가 일어나요. 예를 들어 2004년에는 대통령에 대한 탄핵 사건이 있었고, 2005년에는 '행정 수도 특별법'이 문제가 되었어요. 판결 결과 두 사건 모두 위헌이라는 판결이 났어요. 즉 헌법에 어긋난다는 말이지요. 이에 따라 대통령의 탄핵은 철회되었고, 행정 수도 특별법은 법의 효력을 잃었답니다.

이렇게 헌법에 따라 판결을 내리는 곳이 바로 헌법 재판소예요. 헌법 재판소는 우리나라 최고 법인 헌법에 관한 분쟁을 법적인 절차에 따라 해결하는 기관이에요. 보통 법원에서는 판결이 내려진 후, 불만이 있으면 상급 법원에서 다시 소송을 낼 수 있어요. 하지만 헌법 재판소에서 내린 판결은 그럴 수가 없어요. 설령 판결이 마음에 안 든다고 해도 헌법 재판소에서 내린 결정은 무조건 따라야 해요. 대통령이나 국회에서도 다시 판결을 내려달라고 할 수 없어요. 또 일반 법원의 판결은 당사자에게만 적용되지만 헌법 재판소에서 내려진 판결은 국민 모두에게 적용된답니다.

우리나라는 1960년에 헌법 재판소를 만들려고 했지만 만들지 못했어요. 그러다 1988년 헌법 재판소가 만들어졌지요. 헌법 재판소는 법관의 자격을 갖춘 9명의 재판관으로 이루어져 있어요. 9명의 재판관은 국회와 대법원장 그리고 대통령이 추천하는 사람으로 이루어져 있어요. 이 중 헌법 재판소장은 대통령이 임명해요.

만약 헌법 재판소가 없다면 어떻게 되겠어요? 대통령이나 국회에서 잘못된 법을 만들어도 이를 감시할 수가 없겠지요. 헌법 재판소는 법을 수호하고 민주주의를 보호하는 아주 중요한 기관이에요.

헌법 재판소에서는 이런 일을 해요

헌법 재판소에서는 '위헌 법률 심판'을 해요. 국회에서 만든 법률이 헌법에 어긋나는지를 심사하는 거지요. 그래서 헌법에 어긋난다고 판단되면 국회에서 만든 법을 없앨 수 있어요.

그리고 '탄핵 심판'을 해요. 대통령을 비롯한 고위 공직자들도 사람이기 때문에 아주 중대한 실수를 할 수 있어요. 이럴 때 국회에서는 이들을 파면시킬 수 있어요. 단 헌법 재판소의 최종 결정이 있어야 하지요. 헌법 재판소에서 헌법에 어긋난다고 판결이 나면 탄핵은 무효가 돼요. 하지만 헌법에 어긋나지 않는다고 하면 잘못을 저지른 대통령이나 고위 공직자들은 자리에서 물러나야 한답니다.

이 외에도 헌법 재판소에서는 '정당 해산 심판', '국가 기관 및 자치 단체 간의 권한 쟁의 심판', '헌법 소원 심판' 등을 한답니다.

어린이를 위한 법이 있어요!

● 아동복지법

아동복지법은 아동이 건강하게 태어나서 행복하고 안전하게 자라날 수 있도록 그 복지를 보장하기 위해 만든 법이에요. 이 법에서 복지를 보장하는 아동은 18세 미만으로 규정되어 있어요.

아동복지법에는 아동의 건강과 복지를 위한 국가와 보호자의 책임을 규정하고 있으며, 보호를 필요로 하는 아동에 대한 보호 조치와 아동 복지 시설 및 아동 보호 전문 기관의 설치 근거가 들어 있어요. 또한 아동 보호를 위한 금지 행위와 위반자 벌칙 규정도 들어 있어요.

아동 보호를 위한 금지 행위로는 다음과 같은 것들이 있어요.

1. 신체에 손상을 주는 학대 행위
2. 성적 수치심을 주는 성희롱, 성폭행 등의 학대 행위
3. 정신건강 및 발달에 해를 끼치는 정서적 학대 행위
4. 보호, 양육을 소홀히 하거나 보호하지 않는 등의 방임 행위
5. 타인에게 매매하는 행위
6. 음란한 행위를 시키거나 음란한 행위를 매개하는 행위
7. 장애아동을 관람시키는 행위
8. 구걸을 시키는 행위
9. 건강, 안전에 유해한 곡예를 시키는 행위
10. 무권한자가 아동의 양육을 알선하고 금품을 취득하는 행위

위의 내용을 위반을 한 사람들에게는 징역형이나 벌금형 등 엄한 처벌을 내리지요.

법을 위반한 어린이도 보호받을 수 있어요!

● 소년법

미래의 꿈나무인 어린이는 우리의 미래이자 희망이에요. 우리 사회를 이끌어 나갈 주인공인 어린이들도 한 순간의 실수로 법을 위반할 수가 있어요.

그럼, 법을 위반했으니 당연히 벌을 받아야겠지요? 하지만 어린이의 문제를 해결하기 위해서는 법적인 처벌보다는 따뜻하게 보호해 주고 지원을 해 주는 것이 가장 중요해요. 그래서 법을 위반한 어린이 및 비행청소년을 보호하고 선도하기 위해 소년법이 만들어졌지요. 여기서 소년은 12세 이상으로 20세 미만인 사람을 의미해요.

소년법에서는 소년을 특별히 보호해야 할 필요성이 있을 때 보호처분을 행할 수 있고, 형사처벌을 할 때도 소년의 특성에 맞게 생활할 수 있도록 배려해 주는 특별한 규정이 있답니다.

나이가 되어야 할 수 있어요!

✻ 운전면허는 만 18세 이상이 되어야 딸 수 있어요.
✻ 주민등록증은 만 17세 이상인 사람만 발급받을 수 있어요.
✻ 군대에 지원할 수 있는 나이는 만 18세 이상이에요.
✻ 선거는 만 19세가 되어야 할 수 있어요.
✻ 결혼은 남자는 만 18세, 여자는 만 16세 이상이면 부모의 동의를 얻어 결혼할 수 있어요. 단, 만 20세 이상일 경우에는 부모의 동의가 없어도 결혼할 수 있답니다.

이제, 위대한 법률가들의 법 여행이 끝났습니다

누구보다 먼저 사람을 생각했던 사람들,
지키라고 만들어진 법은 목에 칼이 들어와도 지켰던 사람들,
악법도 법이라며 독배를 들고 숨을 거둔 소크라테스가 있듯,
목숨을 걸고라도 법을 지키기 위해 노력한
위대한 법률가들이 있었기에 이 세상은 참 살 만합니다.
사소한 법규라도 꼭 지켜 아름다운 세상을 만들어 보세요.